卢仝曾有一首长歌，谢人寄新茶，其下半首云：“……柴门反关无俗客，纱帽笼头自煎吃，碧云引风吹不断，白花浮光凝碗面。一碗喉吻润；两碗破孤闷；三碗搜枯肠，惟有文字五千卷；四碗发轻汗，平生不平事，尽向毛孔散；五碗肌骨清；六碗通仙灵；七碗吃不得也，唯觉两腋习习清风生。”夸张吃茶的好处，写得十分有趣；因此“卢仝七碗”，也就成了后人传诵的佳话。

同一个杯，同一种茶，同一式泡法，饮在不同的喉里，冷暖浓淡自知，完全是心证功夫。有人喝茶是在喝一套精致而考究的手艺；有人握杯闻香，交递清浊之气；有人见杯即干，不事进德修业，专爱消化排泄；有人随兴，水是好水，壶是好壶，茶是好茶。大化浪浪，半睡半醒，茶之一字，诸子百家都可以注解。

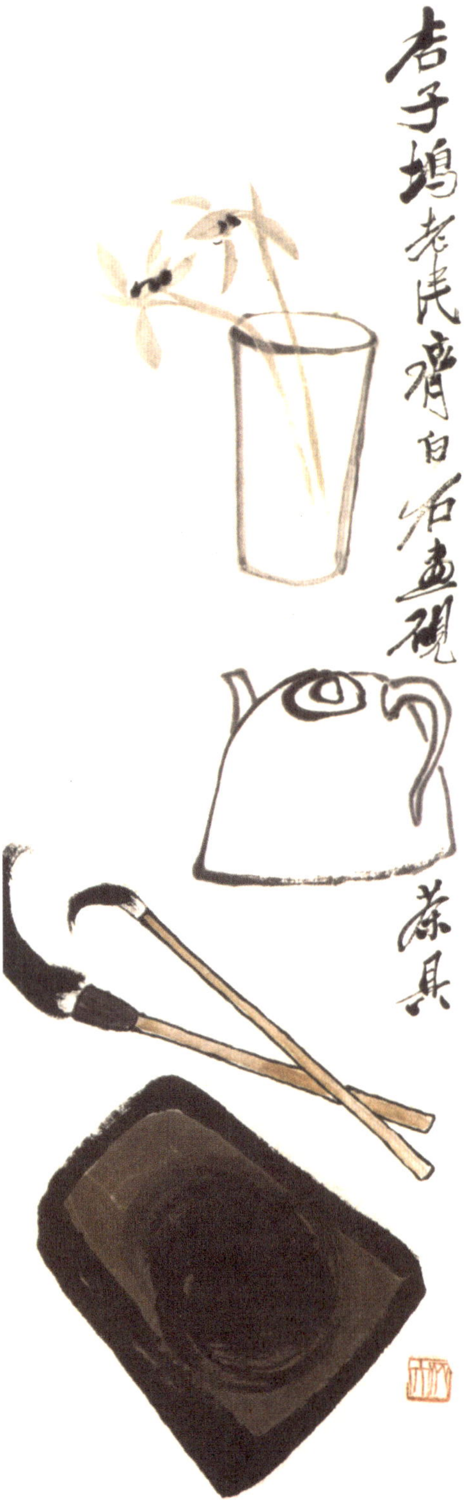

喝茶当于瓦屋纸窗之下，清泉绿茶，用素雅的陶瓷茶具，同二三人共饮，得半日之闲，可抵十年的尘梦。喝茶之后，再去继续修各人的胜业，无论为名为利，都无不可，但偶然的片刻优游乃正亦断不可少。

君子相交一杯茶，这么喝着，谈着，时光就不知不觉消磨过去，谁也不知道说了多少话，说了什么话，茶一壶一壶添上来，主妇已经是第五次烧火了。

文化名家系列

我的茶

文化名家话茶缘

马明博　肖　瑶　选编

中国青年出版社

目录

非叶非花自是香

一壶天地小如瓜

醉茶醉情醉山水

翻江倒海一杯中

一盏清茗酬知音

石鼎茶烟隔户闻

非叶非花自是香

喝茶

鲁迅

某公司又在廉价了，去买了二两好茶叶，每两洋二角。开首泡了一壶，怕它冷得快，用棉袄包起来，却不料郑重其事的来喝的时候，味道竟和我一向喝着的粗茶差不多，颜色也很重浊。

我知道这是自己错误了，喝好茶，是要用盖碗的，于是用盖碗。果然，泡了之后，色清而味甘，微香而小苦，确是好茶叶。但这是须在静坐无为的时候的，当我正写着《吃教》的中途，拉来一喝，那好味道竟又不知不觉的滑过去，像喝着粗茶一样了。

有好茶喝，会喝好茶，是一种“清福”。不过要享这“清福”，首先就须有工夫，其次是练习出来的特别的感觉。由这一极琐屑的经验，我想，假使是一个使用筋力的工人，在喉干欲裂的时候，那么，即使给他龙井芽茶、珠兰窨片，恐怕他喝起来也未必觉得和热水有什么大区别罢。所谓“秋思”，其实也是这样的，骚人墨客，会觉得什么“悲哉秋之为气也”（宋玉《九辩》），风雨阴晴，都给他一种刺戟，一方面也就是一种“清福”，但在老农，却只知道每年的此际，就要割稻而已。

于是有人以为这种细腻锐敏的感觉，当然不属于粗人，这是上等人的牌号。然而我恐怕也正是这牌号就要倒闭的先声。我们有痛觉，一方面是使我们受苦的，而一方面也使我们能够自卫。假如没有，则即使背上被人刺了一尖刀，也将茫无知觉，直到血尽倒地，自己还不明白为什么倒地。但这痛觉如果细腻锐敏起来呢，则不但衣服上有一根小刺就觉得，连衣服上的接缝、线结、布毛都要觉得，倘不穿“无缝天衣”，他便要终日如芒刺在身，活不下去了。但假装锐敏的，自然不在此例。

感觉的细腻和锐敏，较之麻木，那当然算是进步的，然而以有助于生命的进化为限。如果不相干，甚而至于有碍，那就是进化中的病态，不久就要收梢。我们试将享清福，抱秋心的雅人，和破衣粗食的粗人一比较，就明白究竟是谁活得下去。喝过茶，望着秋天，我于是想：不识好茶，没有秋思，倒也罢了。

喝茶

梁实秋

我不善品茶，不通茶经，更不懂什么茶道，从无两腋之下习习生风的经验。但是，数十年来，喝过不少茶，北平的双窨、天津的大叶、西湖的龙井、六安的瓜片、四川的沱茶、云南的普洱、洞庭山的君山茶、武夷山的岩茶，甚至不登大雅之堂的茶叶梗与满天星随壶净的高末儿，都尝试过。茶是中国人的饮料，口干解渴，唯茶是尚。茶字，形近于荼，声近于槚，来源甚古，流传海外，凡是有中国人的地方就有茶。人无贵贱，谁都有分，上焉者细啜名种，下焉者牛饮茶汤，甚至路边埂畔还有人奉茶。北人早起，路上相逢，辄问讯“喝茶未？”茶是开门七件事之一，乃人生必需品。

孩提时，屋里有一把大茶壶，坐在一个有棉衬垫的藤箱里，相当保温，要喝茶自己斟。我们用的是绿豆碗，这种碗大号的是饭碗，小号的是茶碗，作绿豆色，粗糙耐用，当然不能和宋瓷比，和江西瓷不能比，和洋瓷也不能比，可是有一股朴实敦厚的风貌。现在这种碗早已绝迹，我很怀念。这种碗打破了不值几文钱，脑勺子上也不至于挨巴掌。银托白瓷小盖碗是祖父专用的，我们看着并不羡慕。看那小小的一盏，两口就喝光了，泡两三回就换茶叶，多麻烦。如今盖碗很少见了，除非是到故宫博物院拜会蒋院长，他那大客厅里总是会端出盖碗茶敬客。再不就是电视剧中也看见有盖碗茶，可是演员一手执盖一手执碗缩着脖子啜茶那狼狈相，令人发噱，因为他们不知道喝盖碗茶应该是怎样的喝法。他平素自己喝茶大概一直用玻璃杯、保温杯之类。如今，我们此地见到的盖碗，多半是近年来本地制造的“万寿无疆”的那种样式，瓷厚了一些；日本制的盖碗，样式微有不同，总觉得有些怪怪的。近有人回大陆，顺便探视我的旧居，带来我三十多年前天天使用的一只瓷盖碗，原是十二套，只剩此一套了，碗沿还有一点磕损，睹此旧物，勾起往日心情，不禁黯然。盖碗究竟是最好的茶具。

茶叶品种繁多，各有擅长。有友来自徽州，同学清华，徽州产茶胜地，但是他看见我用一撮茶叶放在壶里沏茶，表示惊讶，因为他只知道茶叶是烘干打包捆载上船，沿江运到沪杭求售，剩下来的茶梗才是家人饮用之物。恰如北人所谓的“卖席的睡凉炕”。我平素喝茶，不是香片就是龙井，多次到大栅栏东鸿记或西鸿记去买茶叶，在柜台面前一站，徒弟搬来凳子让座，看伙计称茶叶，分成若干小包，包得见棱见角，那份手艺只有药铺伙计可媲美。茉莉花窨过的茶叶，临卖的时候再抓一把鲜茉莉放在表面上，所以叫作双窨。于是茶店里经常是茶香花香，郁郁菲菲。父执有名玉贵者，旗人，精于饮馔，居恒以一半香片一半龙井混合沏之，有香片之浓馥，兼龙井之苦清。吾家效而行之，无不称善。茶以人为名，乃径呼此茶为“玉贵”，私家秘传，外人无由得知。

其实，清茶最为风雅。抗战前造访知堂老人于苦茶庵，主客相对总是有清茶一盅，淡淡的、涩涩的、绿绿的。我曾屡侍先君游西湖，从不忘记品尝当地的龙井，不需要攀登南高峰风篁岭，近处的平湖秋月就有上好的龙井茶，开水现冲，风味绝佳。茶后进藕粉一碗，四美俱矣。正是“穿牖而来，夏日清风冬日日；卷帘相见，前山明月后山山”。

有朋自六安来，贻我瓜片少许，叶大而绿，饮之有荒野的气息扑鼻。其中西瓜茶一种，真有西瓜风味。我曾过洞庭，舟泊岳阳楼下，购得君山茶一盒。沸水沏之，每片茶叶均如针状直立漂浮，良久始舒展下沉，味品清香不俗。

初来台湾，粗茶淡饭，颇想倾阮囊之所有再饮茶一端偶作豪华之享受。一日过某茶店，索上好龙井，店主将我上下打量，取八元一斤之茶叶以应，余示不满，乃更以十二元者奉上，余仍不满，店主勃然色变，厉声曰：“卖东西看货色，不能专以价钱定上下。提高价格，自欺欺人耳！先生奈何不察？”我爱其憨直。现在此茶店门庭若市，已成为业中之翘楚。此后我饮茶，但论品味，不问价钱。

茶之以浓酽胜者莫过于功夫茶。《潮嘉风月记》说功夫茶要细炭初沸连壶带碗泼浇，斟而细呷之，气味芳烈，较嚼梅花更为清绝。我没嚼过梅花，不过我旅居青岛时有一位潮州澄海朋友，每次聚饮酩酊，辄相偕走访一潮州帮巨商于其店肆。肆后有密室，烟具、茶具均极考究，小壶小盅犹如玩具。更有娈婉卯童伺候煮茶、烧烟，因此经常饱吃功夫茶，诸如铁观音、大红袍，吃了之后还携带几匣回家。不知是否故弄玄虚，谓炉火与茶具相距七步为度，沸水和温度方合标准。举小盅而饮之，若饮罢径自返盅于盘，则主人不悦，须举盅至鼻头猛嗅两下。这茶最具解酒之功，如嚼橄榄，舌根微涩，数巡之后，好像越喝越渴，欲罢不能。喝功夫茶，要有工夫，细呷细品，要有设备，要人服侍，如今乱糟糟的社会里谁有那么多的工夫？红泥小火炉哪里去找？伺候茶汤的人更无论矣。普洱茶，漆黑一团，据说也有绿色者，泡烹出来黑不溜秋，粤人喜之。在北平，我只在正阳楼看人吃烤肉，吃得口滑肚子膨脝不得动弹，才高呼堂倌泡普洱茶。四川的沱茶亦不恶，唯一般茶馆应市者非上品。台湾的乌龙，名震中外，大量生产，佳者不易得。处处标榜冻顶，事实上哪里有那么多冻顶？喝茶，喝好茶，往事如烟。提起喝茶的艺术，现在好像谈不到了，不提也罢。

四十年代

吃茶（二）

周作人

吃茶是一个好题目，我想写一篇文章来看。平常写文章，总是先有了意思，心里组织起来，先写些什么，后写什么，腹稿粗定，随后就照着写来，写好之后再加一题目，或标举大旨，如《逍遥游》，或只拣文章起头两个字，如“马蹄秋水”，都有。有些特别是近代的文人，是有定了题目再做，英国有一个姓密棱的人便是如此，印刷所来拿稿子，想不出题目，便翻开字典来找，碰到金鱼就写一篇金鱼。这办法似乎也有意思，但那是专写随笔的文人，自有他的一套本事，假如别人妄想学步，那不免画虎类狗，有如秀才之做赋得的试帖诗了。我写这一篇小文，却是预先想好了意思，随后再写它下来，还是正统的写法，不过自为觉得这题目颇好，所以跑了一点野马，当作一个引子罢了。

其实我的吃茶是够不上什么品位的，从量与质来说都够不上标准，从前东坡说饮酒饮湿，我的吃茶就和饮湿相去不远。据书上的记述，似乎古人所饮的分量都是很多，唐人所说喝过七碗觉腋下习习风生，这碗似乎不是很小的，所以六朝时人说是“水厄”。我所喝的只是一碗罢了，而且他们那时加入盐姜所煮的茶也没有尝过，不晓得是什么滋味，或者多少像是小时候所喝的伤风药午时茶吧。讲到质，我根本不讲究什么茶叶，反正就只是绿茶罢了，普通就是龙井一种，什么有名的罗岕，看都没有看见过，怎么够得上说吃茶呢?

一直从小就吃本地出产本地制造的茶叶，名字叫作本山，叶片搓成一团，不像龙井的平直，价钱很是便宜，大概好的不过一百六十文一斤吧。近年在北京这种茶叶又出现了，美其名曰平水珠茶，后来在这里又买不到——结果仍旧是买龙井，所能买到的也是普通的种类，若是旗枪雀舌之类却是没有见过，碰运气可以在市上买到碧螺春，不过那是很难得遇见的。从前曾有一个江西的朋友，送给我好些六安的茶，又在南京一个安徽的朋友那里吃到太平猴魁，都觉得很好，但是以后不可再得了。最近一个广西的朋友，分给我几种他故乡的茶叶，有横山细茶、桂平西山茶和白毛茶各种，都很不差，味道温厚，大概是沱茶一路，有点红茶的风味。他又说西南有苦丁茶，一片很小的叶子可以泡出碧绿的茶来，只是味很苦。我曾尝过旧学生送我的所谓苦丁茶，乃是从市上买来，不是道地西南的东西，其味极苦，看泡过的叶子很大而坚厚，茶色也不绿而是赭黄，原来乃是故乡的坟头所种的狗朴树，是别一种植物。我就是不喜欢北京人所喝的“香片”，这不但香无可取，就是茶味也有说不出的一股甜熟的味道。

以上是我关于茶的经验，这怎么够得上来讲吃茶呢？但是我说这是一个好题目，便是因为我不会喝茶可是喜欢玩茶，换句话说就是爱玩耍这个题目，写过些文章，以致许多人以为我真是懂得茶的人了。日前有个在大学读书的人走来看我，说从前听老师说你怎么爱喝茶，怎么讲究，现在看了才知道是不对的。我答道：“可不是吗？这是你们贵师徒上了我的文章的当。孟子有言，尽信书则不如无书。现在你从实验知道了真相，可以明白单靠文字是要上当的。”我说吃茶是好题目，便是可以容我说出上面的叙述，我只是爱耍笔头讲讲，不是捧着茶缸一碗一碗地尽喝的。

寻常茶话

汪曾祺

我对茶实在是个外行。茶是喝的，而且喝得很勤，一天换三次叶子。每天起来第一件事，便是坐水，沏茶，但是毫不讲究。对茶叶不挑剔，青茶、绿茶、花茶、红茶、沱茶、乌龙茶，但有便喝。茶叶多是别人送的，喝完了一筒，再开一筒。喝完了碧螺春，第二天就可以喝蟹爪水仙。但是不论什么茶，总得是好一点的。太次的茶叶，便只好留着煮茶叶蛋。《北京人》里的江泰认为喝茶只是“止渴生津利小便”，我以为还有一种功能，是提神。《陶庵梦忆》记闵老子茶，说得神乎其神。我则有点像董日铸，以为“浓、热、满三字尽得茶理”。我不喜欢喝太烫的茶，沏茶也不爱满杯。我的家乡论为客人斟茶斟酒，“酒要满，茶要浅”，茶斟得太满是对客人不敬，甚至是骂人。于是就只剩下一个字：浓。我喝茶是喝得很酽的。曾在机关开会，有女同志尝了我的一口茶，说是“跟药一样”。

我读小学五年级那年暑期，我的祖父不知怎么忽然高了兴，要教我读书。“穿堂”的右侧有两间空屋，里间是佛堂，挂了一幅丁云鹏画的佛像，佛的袈裟是朱红的。佛像下，是一尊乌斯藏铜佛。我的祖母每天早晚来烧一炷香。外间本是个贮藏室，房梁上挂着干菜、干的粽叶，靠墙有一坛“臭卤”，面筋、百叶、笋头、苋菜秸都放在里面臭。临窗设一方桌，便是我的书桌。祖父每天早晨来讲《论语》一章，剩下的时间由我自己写大小字各一张。大字写《圭峰碑》，小字写《闲邪公家传》，都是祖父从他的藏帖里拿来给我的。隔日作文一篇，还不是正式的八股，是一种叫作“义”的文体，只是解释《论语》的内容。题目是祖父出的。我共做了多少篇“义”，已经不记得了。只记得有一题是“孟子反不伐义”。

祖父生活俭省，喝茶却颇考究。他是喝龙井的，泡在一个深栗色的扁肚子的宜兴砂壶里，用一个细瓷小杯倒出来喝。他喝茶喝得很酽，喝一口，还得回味一下。

他看看我的字、我的“义”；有时会另拿一个杯子，让我喝一杯他的茶。真香。从此我知道龙井好喝，我的喝茶浓酽，跟小时候的熏陶也有点关系。

后来我到了外面，有时喝到龙井茶，会想起我的祖父，想起孟子反。

我的家乡有“喝早茶”的习惯，或者叫作“上茶馆”。上茶馆其实是吃点心，包子、蒸饺、烧卖、千层糕……茶自然是要喝的。在点心未端来之前，先上一碗干丝。我们那里原先没有煮干丝，只有烫干丝。干丝在一个敞口的碗里堆成塔状，临吃时，堂倌把装在一个茶杯里的作料——酱油、醋、麻油浇入。喝热茶，吃干丝，一绝！

抗日战争时期，我在昆明住了七年，几乎天天泡茶馆。“泡茶馆”是西南联大学生特有的说法。本地人叫作“坐茶馆”，“坐”，本有消磨时间的意思，“泡”则更胜一筹。这是从北京带过去的一个字，“泡”者，长时间地沉溺其中也，与“穷泡”“泡蘑菇”的“泡”是同一语源。联大学生在茶馆里往往一泡就是半天。干什么的都有。聊天、看书、写文章。有一位教授在茶馆里读梵文。有一位研究生，可称泡茶馆的冠军。此人姓陆，是一怪人。他曾经徒步旅行了半个中国，读书甚多，而无所著述，不爱说话。他简直是“长”在茶馆里。上午、下午、晚上，要一杯茶，独自坐着看书。他连漱洗用具都放在一家茶馆里，一起来就到茶馆里洗脸刷牙。听说他后来流落在四川，穷困潦倒而死，悲夫！

昆明茶馆里卖的都是青茶，茶叶不分等次，泡在盖碗里。文林街后来开了一家“摩登”茶馆，用玻璃杯卖绿茶、红花——滇红、滇绿。滇绿色如生青豆，滇红色似“中国红”葡萄酒，茶味都很厚。滇红尤其经泡，三开之后，还有茶色。我觉得滇红比祁（门）红、英（德）红都好，这也许是我的偏见。当然比斯里兰卡的“利普顿”要差一些——有人喝不来“利普顿”，说是味道很怪。人之好恶，不能勉强。

我在昆明喝过烤茶。把茶叶放在粗陶的烤茶罐里，放在炭火上烤得半焦，倾入滚水，茶香扑人。几年前在大理街头看到有烤茶罐卖，犹豫一下，没有买。

买了，放在煤气灶上烤，也不会有那样的味道。

1946年冬，开明书店在绿杨邨请客。饭后，我们到巴金先生家喝功夫茶。几个人围着浅黄色的老式圆桌，看陈蕴珍（萧珊）“表演”：濯器、炽炭、注水、淋壶、筛茶。每人喝了三小杯。我第一次喝功夫茶，印象深刻。这茶太酽了，只能喝三小杯。在座的除巴先生夫妇，有靳以、黄裳。一转眼，43年了。靳以、萧珊都不在了。巴老衰病，大概没有喝一次功夫茶的兴致了。那套紫砂茶具大概也不在了。

我在杭州喝过一杯好茶。

1947年春，我和几个在一个中学教书的同事到杭州去玩。除了“西湖景”，使我难忘的有两样方物，一是醋鱼带把。所谓“带把”，是把活草鱼的脊肉剔下来，快刀切为薄片，其薄如纸，浇上好秋油，生吃。鱼肉发甜，鲜脆无比。我想这就是中国古代的“切脍”。一是在虎跑喝的一杯龙井。真正的狮峰龙井雨前新芽，每蕾皆一旗一枪，泡在玻璃杯里，茶叶皆直立不倒，载浮载沉，茶色颇淡，但入口香浓，直透脏腑，真是好茶！只是太贵了。一杯茶，一块大洋，比吃一顿饭还贵。狮峰茶名不虚传，但不得虎跑水不可能有这样的味道。我自此方知道，喝茶，水是至关重要的。

我喝过的好水有昆明的黑龙潭泉水。骑马到黑龙潭，疾驰之后，下马到茶馆里喝一杯泉水泡的茶，真是过瘾。泉就在茶馆檐外地面，一个正方的小池子，看得见泉水咕嘟咕嘟往上冒。井冈山的水也很好，水清而滑。有的水是“滑”的，“温泉水滑洗凝脂”并非虚语。井冈山水洗被单，越洗越白；以泡“狗古脑”茶，色味俱发，不知道水里含了什么物质。天下第一泉、第二泉的水，我没有喝出什么道理。济南号称泉城，但泉水只能供观赏，以之泡茶，不觉得有什么特点。

有些地方的水真不好。比如盐城。盐城真是“盐城”，水是咸的。中产以上人家都吃“天落水”。下雨天，在天井上方张了布幕，以接雨水，存在缸里，备烹茶用。最不好吃的水是菏泽，菏泽牡丹甲天下，因为菏泽土中含碱，牡丹喜碱性土。我们到菏泽看牡丹，牡丹极好，但茶没法喝。不论是青茶、绿茶，沏出来一会儿就变成红茶了，颜色深如酱油，入口咸涩。由菏泽往梁山，住进招待所后，第一件事便是赶紧用不带碱味的甜水沏一杯茶。

老北京早起都要喝茶，得把茶喝“通”了，这一天才舒服。无论贫富，皆如此。1948 年我在午门历史博物馆工作。馆里有几位看守员，岁数都很大了。他们上班后，都是先把带来的窝头片在炉盘上烤上，然后轮流用水汆坐水沏茶。茶喝足了，才到午门城楼的展览室里去坐着。他们喝的都是花茶。

北京人爱喝花茶，以为只有花茶才算是茶（北京很多人把茉莉花叫作“茶叶花”）。我不太喜欢花茶，但好的花茶例外，比如老舍先生家的花茶。

老舍先生一天离不开茶。他到莫斯科开会，苏联人知道中国人爱喝茶，倒是特意给他预备了一个热水壶。可是，他刚沏了一杯茶，还没喝上几口，一转脸，服务员就给倒了。老舍先生很愤慨地说：“他妈的！他不知道中国人喝茶是一天喝到晚的！”一天喝茶喝到晚，也许只有中国人如此。外国人喝茶都是论“顿”的，难怪那位服务员看到多半杯茶放在那里，以为老先生已经喝完了，不要了。

龚定庵以为碧螺春天下第一。我曾在苏州东山白勺“雕花楼”喝过一次新采的碧螺春。“雕花楼”原是一个华侨富商的住宅，楼是进口的硬木造的，到处都雕了花，八仙过海、福禄寿三星、龙、凤、牡丹……真是集恶俗之大成。但碧螺春真是好。不过茶是泡在大碗里的，我觉得这有点煞风景。后来问陆文夫，文夫说碧螺春就是讲究用大碗喝的。茶极细，器极粗，亦怪！

我还在湖南桃源喝过一次擂茶。茶叶、老姜、芝麻、米，加盐放在一个擂钵里，用硬木的擂棒“擂”成细末，用开水冲开，便是擂茶。

茶可入馔，制为食品。杭州有龙井虾仁，想不恶。裘盛戎曾用龙井茶包饺子，可谓别出心裁。日本有茶粥。《俳人的食物》说俳人小聚，食物极简单，但“唯茶粥一品，万不可少”。茶粥是啥样的呢？我曾用粗茶叶煎汁，加大米熬粥，自以为这便是“茶粥”了。有一阵子，我每天早起喝我所发明的茶粥，自以为很好喝。四川的樟茶鸭子乃以柏树枝、樟树叶及茶叶为熏料，吃起来有茶香而无茶味。曾吃过一块龙井茶心的巧克力，这简直是恶作剧！用上海人的话说：巧克力与龙井茶实在完全“弗搭界”。

说绿茶

张抗抗

今春绿茶突然抢手，在喝惯了花茶的北方，SARS 流行的恐慌之中，人们闻说绿茶有清热解毒的功效，一时间茶庄生意兴旺，绿茶脱销，据说连陈年的旧茶都卖出去了。

绿茶绿茶，一池碧波，缕缕清香，原本就有养神润肺驻颜醒目的自然功效，却要借助于另一种贻害人类的病毒浊物，才能正本清源，得人青睐。真是委屈你了——我家乡的绿茶。也真是因祸得福，总算被人刮目相看，让你在北方重见天日了——我家乡的绿茶。可惜呀，绿茶，你还是被人认识得太晚了。

绿茶原本清淡，越是好的绿茶，三道清水流过，杯里的茶水已是“六宫粉黛无颜色”，只留下碧绿的叶片，犹如池底青草，若无其事地在水中悠然荡漾。故而有北方来客，假若端上一杯绿茶，客人猛喝一口咕咚咽下，话噎在嗓中，那表情是写在脸上的：这茶，没味儿！还有另一种表情：这茶，好苦!

绿茶在北方，一向有点不受待见。北人口重，喜食味浓色香之物；北地天寒，偏爱滚烫热烈之饮；北方地冻，养不了这青翠娇嫩的茶树。所以北方人多一半是喝花茶的，茉莉香片，大众又经济的饮品，老少咸宜的，滚烫的水冲下去，经得起沏泡，不怕变色。茶色深浓醇厚，给人沉稳的依赖感；深褐色浅褐色的水面上，偶尔漂起一朵半朵白色的茉莉花，有点俏皮的样子；一掀壶盖，香气四溢，掩都掩不住，其实不是茶香，是茉莉香。在隆冬的冷风中，飘来夏的茉莉味儿，虽有些俗艳，毕竟是亲切而温暖的。

北方人沏茶，多将茶叶置于茶壶之中，沏好之后，再一杯杯分别倒在小杯子里，（就像斟酒）分而饮之。那茶叶可反复沏泡，可谓经久耐用。茶叶始终沉于壶中，比较隐蔽，不大看得见好坏。不像南方人泡茶，必定是一杯一撮茶叶，一人独占一杯。常常是来客只嘬了一口，人刚走茶未凉，整杯茶就连着茶叶一并倒掉了。在北方人看来，如此沏茶实在是太奢侈也太浪费了。而在南方人看来，北方人那样泡茶，也真是小气得过分。

一次，有一位很久不见的好友来家看我，我特为其沏泡绿茶一杯，以示隆重接待。他第二天有气无力地给我打电话说：昨天你给我喝的啥玩意儿，害我一宿没睡着觉。这才想起自己忘了来客是东北人，他当时一定是碍于情面，才将那杯绿茶勉强喝下的。

然而我在北方多年，除非万般无奈（极渴），仍是坚决拒喝花茶的。说起来祖籍广东，本应喜喝乌龙一类红茶，却是无福消受欣赏不了——在这点上，我与那位东北友人有异曲同工之疾：喝一口红茶，害我一宿睡不着觉。

在北方，至今我仍只喝绿茶。

绿茶自然首选家乡杭州的西湖龙井（千万别是假冒伪劣产品）。绿茶那种含而不露的品性，如一来自庭院深深的妙龄少女，衣料与皮肤都如丝绸般爽滑细润，回眸一笑，轻盈无声，言语洒落池塘中，韵味留在清风里；可闻香而不见粉黛，可意会而不可言传。茶色碧绿，似玉液琼浆，养眼养心，令人不忍品尝。轻啜慢啧，舌上粒粒绿珠滚动，初始略有一丝苦涩，继而满口清香；茶未凉，嘴里已是甜丝丝清凉凉，满腹欲说还休的惬意与顺畅。

绿茶之妙，妙在清淡。

清淡中悄然渗出含蓄的魅力，从不张扬的那种自信，如江南人的勤勉与聪慧。

我对龙井的偏爱也许源自少年时代。杭一中的初一年级那个春天，曾全班集体去梅家坞采茶半个月。湿漉漉的青山绿水，漫山遍野都是绿油油的茶园。无数娇嫩的叶芽，从蓬勃的茶树上一片片翘首探头，用一双双小手轻轻采摘下来，小心地置于竹篓中，拇指与食指都被茶叶染得绿了。细雨蒙蒙中采茶归来，全身的衣裤都沾着茶叶的香气。至今记得，下山收工过秤时，我一个上午采摘的茶叶，共计二两之多。若是等到烘干炒毕，大概只够泡上几杯茶吧。可见春茶之矜贵。那半月采茶劳动结束后回到城里，晚上睡觉时眼前仍是无边的绿色，满山满眼的茶叶，在脑中如大海的波涛起伏，眩晕几日不止。还有一次全班到郊外春游，路遇茶农忙于采茶，大家一时兴起，放弃春游跃入茶园去帮茶农采茶，后来写过一篇作文《采茶》，记述的就是这天的心情。

能不思绿茶？

如今杭州城里茶楼林立，茶馆兴盛，多半是将喝茶作为社交聚会的场所。如“青藤”三层大茶楼日日夜夜座无虚席，小吃点心干果水果一应俱全，喝茶喝得轰轰烈烈情景颇为壮观。要论茶屋的文化品位，字画古董环境古雅幽静，当数西湖大道别具风格的“和茶馆”。若是去龙井、虎跑的茶室，喝茶为的是泉水；若是选择湖滨的“湖畔居”，为的是湖光山色；“湖畔居”的位置，至今杭州所有茶楼难以替代——那时刻茶客犹如漂于船上，整个西湖都在窗外荡漾，碧波粼粼，恍惚间竟觉得杯中的绿茶，只是从一湖清水中随意舀了一瓢来饮。到了金秋桂花节，满觉垅、植物园，一棵桂树一张茶桌，桂林丛丛，茶桌济济，桂花的醇香与清茶随风交融，几粒金黄的桂花无声落入杯中，绿水浮金，绿绸缀金，那是桂树与茶树热恋的季节。

遗憾的是桂花节如今越来越具商业气息，水漫“金山”时，绿茶已被淹没。

近年来，我每次去杭州探家，倒是常与家人友人去龙井一带的山里，在农家庭院里喝茶农自留的好茶，不会有茶室茶座里呼朋唤友、麻将扑克的骚扰之声，确是清静又悠闲的去处。还有像孤山“一片云”等茶室，客人可自带茶叶，茶室提供开水，任由茶客随意一坐半日，独享青山，也自成一道风景。杭州人喝茶是平常而普遍的大众文化，绝非文人雅士的矫情；绿茶文化属于江南，那延绵几千年的茶汁，早已渗透在吴越后人的骨髓之中了。

这些年来，杭州周边地区，几种绿茶新品牌声名鹊起：千岛湖的雪水云绿、浙江龙井、余杭径山茶、衢州龙顶等等，都是先后品尝过的。其形其色其味其香，自是各有千秋。雪水云绿那名字何等美雅，给人诗意的想象，茶色如其名，茶质温柔细腻，很得杭州人喜爱；径山茶叶片细长，色泽略深，茶味较之其他绿茶醇浓，茶香也极其收敛沉稳，茶在杯中如莲叶托浮于水上，似有一种禅宗定力，别有一番洗心内涵。径山茶产自余杭当年香烛盛旺的寺院佛地，属珍稀之物。说到衢州龙顶等等后起之秀，经过历年修炼，其中的优质极品，论色香味之优雅，甚至可与西湖龙井比美，至少并不逊色的。

众多绿茶品牌之中，我还有些偏爱太湖地域的碧螺春，单是那名字就起得形神兼具，细嫩的叶片微微卷曲，如塘边池畔一只只娇小的青壳田螺，报来春的气息。掀开杯盖，一汪绿水上浮一层细细绒毛，如涟漪一般荡漾开去。但若将碧螺春茶与西湖龙井相比，前者的香气有几分张扬，带些诱惑的意思在里头；而龙井的茶香，却是清幽得不动声色。

至今还记得70年代曾去安徽黄山茶林场采访上海知青，步行几十里至深山连队，四下已是云雾缭绕苍茫如海。偶得云开雾散，只见级级梯田，层层茶园，从脚下一直升上天空，犹如一架架绿色的天梯，通往九霄云外。正是采茶时节，路边房根处处是摊开晾晒的新鲜茶叶，那两叶一芽精致标准得像是流水线上的产品，绿得发亮，嫩得叫人心疼；在我的记忆中，那些刚刚采摘下来的茶叶，就像无数扇着绿色翅膀的小蜻蜓，在山脊上等待着穿透雾气的阳光，晾晒它们被打湿的羽翼，然后成群结队地飞往各个城市的茶庄……

那一次，就在简陋的知青连队宿舍歇脚时，有个长着娃娃脸的男孩儿，用他们刚刚炒制完成的茶叶和烧开的山泉水，为我沏了一杯绿茶。那是一只特大号的搪瓷杯，几乎有半截热水瓶那么大，他信手抓了满满一大把茶叶，好像天下的茶叶都在他手心里，茶叶散落时，发出一种千金散尽还复来的豪迈与慷慨的声响；泉水更是应有尽有的，好似开闸的河流一般，汹涌而迅速地拥抱着杯中碧绿的茶叶，是润物细无声的那种默契。滚烫的泉水在杯沿冒出袅袅的热气，犹如浓密的云雾将茶园覆盖了。待我将满满一杯几乎重得端不动的绿茶举到嘴边，只觉得自己像是站在一口绿色的深潭边缘，快乐得差一点就掉落到那池碧波里去了。

那一天我从未有过那样贪婪地喝茶，酣畅淋漓，痛快淋漓。我把那满满一杯绿茶都喝干了。谢过茶主起身赶路，我怀疑自己的心肝都已经变成了绿色。

那是我一生中喝过的，真正无污染、最纯净的高山云雾茶。

能不爱绿茶？

从此，喝茶成为我生活中不可缺少，时时被惦记、牵挂的一种习惯。

每日工作之始，端一杯绿茶走进书房，心里是愉悦的，因有绿茶为我醒目清脑；繁重烦乱的工作中，因有绿茶在我桌上，自觉少了许多浮躁之气；疲惫劳累之时，饮一口绿茶，沉重的四肢顿时轻松了；心情沮丧之时，饮一杯绿茶，凡俗杂念都随水流散了；北方春天的干风中，绿茶给我湿润的滋养；雪花飘落的黄昏，绿茶是温情的抚慰，一直暖到心底的。

酒要陈，茶要新，南方人喝茶，自然是最喜新厌旧的。因而每年一过清明，到了新茶上市时节，总有家人和朋友，急切地把新茶寄来。如果喝不上刚上市的龙井新茶，这一年的春天甚至这新的一年，都还没有开始。

许多许多年，在干燥的北方，绿茶日日呵护我的身心。

许多许多年，在遥远的异乡，绿茶伴我，我把家乡时时带在身边了。

所以，绿茶究竟具有怎样实用的功能，于我是不重要的。优美的茶道仅是茶文化的外表和仪式，对于我来说，似乎也用不着刻意而为。绿茶在我，是一种淡泊，一种娴静，一种清爽，一种平和。绿茶犹如涓涓细流，汇集成生命长河，点点滴滴穿透并消融着我长途跋涉中的心灵障碍；绿茶不会仅仅用来解除危难，绿茶是大自然给予人类的精神馈赠，也是人生的一种境界——你看那片片绿叶，只需一杯清水的呼唤，就将全部的汁液奉上并溶于水中，清清淡淡，安安静静，然而，清香留齿，气定神闲，回味深长久远。

绿茶流淌在我的血液里，伴我一生——永远的绿茶。

吃茶的心境

车前子

一个人平日里散淡恬静，与世无争，轻声细语，拈花微笑，就可以说是有“吃茶的心境”了。我常常有个胡想，如果老庄思想产生的年头，茶文化已经成熟，那么，老庄思想被这茶香一熏，或许阴差阳错熏成了我们的主流文化。这也说不定。其实茶在中国的流传，差不多是与佛教的流传同步的。尽管我不信佛，但我爱茶。以至见了带“茶”字的东西，我也喜欢。南京有个地名叫“大仕茶亭”，“大仕”是不是这样的写法，我已记不清了，但“茶亭”两字，肯定是没错的。我去过不下十回，在莫愁湖附近。但每次去“大仕茶亭”的路上，还总会情不自禁地想到一座大茶亭，茅草潇潇，等待在路旁，我仿佛看见了，尽管这一带已是高楼大厦。因为“茶”字，连日本俳人小林一茶的俳句，我也极喜欢，曾经用写经体抄过一通。

1980 年的诺贝尔文学奖获得者波兰诗人米沃什写过一首诗，有关小林一茶，有这样的句子：

白雾巨大的静默，
在山丛中醒来，
屋檐上凝聚着微滴，
也许还有那另一座房屋。

这是一个多好的吃茶地方。在我看来，还很有吃茶的心境。杯茶在手，当然是要好茶，即使身处闹市，内心里的确“还有那另一座房屋”。那房屋就是宁静的所在。

夜里睡得好，早晨起来就神清气爽，这时候，泡一杯碧螺春是最适宜的。我总觉得早晨是喝碧螺春的最佳时间段，其茶清淡，但清而丰，淡而腴，更主要是色鲜味新，能除一夜宿旧气。泡茶的器具，紫砂为上，但我泡碧螺春却爱用玻璃杯，为了欣赏它的茶色。我曾有一只法国造的玻璃杯，品质晶莹剔透，造型又峭拔，用它来泡碧螺春，像是一次中西文化的最好交流。泡碧螺春时，要在杯内先注上水，再加茶叶，因为它绝嫩，一如二八妙龄，太炽热了会伤了它。我在注水时，是不使杯满的，留两截手指节的余地，碧螺春放下后，忙把杯口凑近鼻子，香会蓬蓬地在鼻端弥漫。因为早为它留下了空间，这香就显得饱满，停伫的时间也就长些。

碧螺春之嫩，一个最好的证明就是隔夜开水也能泡开它，杯内注上水后，茶叶一放，照样是沉鱼落雁，是不会浮在面上的。但开水一隔夜就老了，就死了。我们现在已无条件吃上“天下第一泉”或“天下第二泉”的水，吃得上的只是龙头一开哗哗流来的自来水，只得把自来水在七石缸里存放上一夜，第二天现烧现吃。刚烧开的水是活水，沸腾的时间一长，虽然没有隔夜开水那么老，但也是风烛残年了。泡茶的水自然很重要，尤其是碧螺春这二八妙龄，不配个翩翩少年是如何了得。

写到这里，我想起苏帮菜中有一款名肴，叫“碧螺虾仁”，每到碧螺春新茶上市之际，一些饭店就纷纷推出，作为时令菜。我在苏州生活多年，实在没吃到过一回有茶味的，就自己动手做给自己吃，并革新了一下：虾仁上好浆后，放在冰箱里冰上半小时左右，是为了使浆挂住，临下锅时，要用纱布把虾仁的水分吸干。这些都是基本做法，我的革新之处是在油锅半热时，抄一撮碧螺春放入油锅，碧螺春受热后，会菊花般舒展开来，色泽金黄。这晌的油锅是茶香四溢，袅袅上升，邻居都闻得到。火候很重要，把“菊瓣”捞出，此时，它是脆的，碾碎后拌进虾仁，让它们和光同尘。我的“碧螺虾仁”真正是有碧螺春茶味的。烹饪界的某权威到我家小酌，尝了此菜，也大大夸奖了一番。

据说碧螺春过去叫“香煞人茶”，采茶的时候，只让处女去采，采之前上下沐浴，采下的茶叶贴放在胸口，处女的肌肤体温能增加茶的香度。后来，康熙下江南，吃到“香煞人茶”，龙心大悦，只是觉得此茶名太俗，遂改为碧螺春。这只是个传说。以前人喜好皇帝，故什么都想附会到龙头老大上去。碧螺春的“碧”，是指茶色；“螺”是指茶形，它的每一片茶叶的形状，都是蜷曲如螺的；而“春”的解释，就说法不一了，其中有一种，说得风流蕴藉，说碧螺春的“春”，是指茶味温暖如春。

吃碧螺春茶时，读读杜牧的清词丽句，最是相得。茶水淡下来之际，一个早晨、一个上午就过去了。

下午，泡一杯“白毫”，或泡一杯“龙井”，或泡一杯“紫笋”，其味自长了。

我极爱“紫笋”这名。它产于浙江长兴。长兴是茶神陆羽的故园，临近太湖，人杰地灵。我手边有一本《全唐诗话》，中有“陆鸿渐”条：

> 太子文学陆鸿渐，名羽，其先不知何许人。竟陵龙盖寺僧姓陆，于堤上得初生儿，收育之，遂以陆为氏。及长，聪俊多闻，学赡词逸，诙谐辩捷。性嗜茶，始创煎茶法，至今鬻茶之家，陶为其像，置于汤器之间，云宜茶足利……鸿渐又撰《茶经》三卷，行于代。今为鸿渐形，因目为茶神，有售则祭之，无则以釜汤沃之。

这本《全唐诗话》是本伪书，伪托宋代诗人尤袤之作。但文字的气味却并不寡淡。而我前不久喝到的“紫笋”，却是伪紫笋。现在伪茶假茶太多，常常使我失了吃茶的心境，变得烦躁不安。最不利于安定团结的，在我看来，就是这些作伪造假者了。把陈年的老茶叶染上绿颜料，从枇杷叶上刮下点毛，洒到其中，以充“碧螺春”的绒头，既使消费者破财，又不利消费者的健康。如果中国有狂欢节的话，或许还说得过去，因为吃了如此新茶，舌头一伸，绿幽幽的。

江南人把吃茶看作很重要的日常生活。饮食文化的“饮”，如果光有酒没有茶的话，是很空洞的。

江南人，尤其是苏州城里人，是不吃花茶的，如说某人不解吃茶的趣味，或茶品低下，就会很不屑地嘀咕一下：“吃花茶的。”我没有这么绝对。花茶自有花茶味，花茶宜用大壶大罐大坛大瓯地泡，水要热，趁热喝，对于花茶，用一个“喝”字，比用“吃”字传神。

喝花茶的时候，宜读元曲，宜读弹词，宜读子弟书，宜读杂文。

苏州人不吃花茶，因为当初的花茶的确来路不正。北方不产茶，茶从南方运往北方，路途遥远，但茶性敏感，容易串味，也容易霉变。运到了北方，已串味了，已霉变了，怎么办？茶商就想出个歪点子，以茉莉等花遮丑，名之为“花茶”。不料歪打正着，竟大受欢迎。当然以后走上正道，但因为出处在此，所以花茶在苏州总不是名正言顺的样子。苏州人红茶也吃得极少，主要是绿茶。

北京人把绿茶喊作“青茶”，倒也有趣。

在冬天，在雪朝，风风雨雨，能吃上一杯红茶，我想，是有福的。红茶之色，如丹枫趵梦痕。

红茶的味道，对我而言，像是往事的味道。为什么，我也不知道。我曾用过一个笔名，“宋红茶”，我祖母姓宋。我觉得这是我最好的笔名。后来我不用了，是因海宁已故老画家沈红茶先生。我再用这名，有夺人之美或占人便宜之嫌吧。沈红茶先生的绘画，我没有见过，但我真喜欢这个名字。

茶小记

郭风

随意

我不会喝酒，说句不怕见笑的话，我连啤酒都喝不来，实在是一位毫无酒瘾的君子，或者说是一位不知酒为何物，醉有何情味的君子。至于茶，至今还是每日泡一壶，可是，则未必是一位茶君子。福建产茶，出名茶。我却什么茶都能泡一壶，斟入茶盅中，喝得津津有味。看来，我是一位平庸的老人，不论穿衣、住屋，不知讲究，喝茶亦如此。我似乎总想在随意中，求得生活的平安，并借此减少无谓的苦恼。

幼年喝茶

我的喝茶史，可以追溯至幼年时代，不过，所谓幼年喝茶，恐怕也只有那么一次而已，但却是至今难忘的一次喝茶。记得是一日夜间，因天寒家门已闭，其时，母亲大约尚在如豆的煤油灯下做女红。我是在酣睡中被叫醒的，因母亲扶我起身，并要我围着棉被坐在床上，随着一盅茶递到我面前说：

"五叔公给我们送来一杯铁观音！"

当时，五叔公（祖）是我们大家庭里威望仅次于族长的前辈，清末拔贡。我们家里有一座祖遗的小花园，内有假山、池阁、花木。孩子们喜欢在园中玩耍，但往往是躲着五叔公，暗中来到这座小花园。因为，如果遇见他，往往遭到训斥（他可能担心我们毁坏花木）。但他又常常买些糕点，通过各户的家长，分发给孩子们，以致我们既敬畏他，又觉他是一位仁慈的老人。

我从母亲手中接过茶杯，只觉得是热的，杯中散发一股从未闻过的淡香，出现一种我未曾见过的、透明的、流动的琥珀色。我一口喝下茶，只感觉有点苦味，有点清爽，又有一点甜味……这种幼年初次喝茶所得的幼稚的感觉，至今弥新。

虎跑喝茶

晚年喝茶，印象较深者，当推一次在虎跑喝茶。80 年代初叶，有一次路过杭州，当地二三友人，约我同游西湖。包括访断桥和苏堤、白堤，访放鹤亭、西泠印社、花港观鱼。起初游兴甚浓，其后又访灵隐寺、岳王庙，已感疲乏，游兴锐减。最后到了虎跑，坐在座位上时，更觉全身无力，甚至暗中心生悔意。及至服务员端来茶具，并在我座前斟了满满一杯龙井时，我竟不假思索，一口饮下。随即自斟第二杯，第三杯，更是旁若无人。龙井为名茶，虎跑出名泉。本来，似乎应该细细啜饮，细细品尝，却不料我可能因为生理上的需要，竟一如酒徒之于酒，只顾牛饮，而不自知从容喝下，至今想起来，当时竟不知所饮茶其色如何，其味如何，但觉饮后，渐渐地，口中津津然，渴意全无；又慢慢地，四肢爽然，如有所释然，劳顿无有。这一次喝茶，也可以如是说：最主要的印象，看来是它的药物作用，以及它对生理上的一种积极效应。

东坡曾在虎跑喝茶，有诗云：“道人不惜阶前水，借与匏尊自在尝。”一种出尘自在的清境之感受，余不能言，无从说出来。

野人饮

20 世纪 70 年代初，挈妇将雏，旅居于闽北一小山村。得自留地一小块，乃协助夫人种四季豆、菠菜、苦瓜等。此自留地在一小山溪畔，原来垒以石头；年久，石头上发出苔藓、地衣；石隙间生出一小树，仅二尺许，其状古拙。我不知它是什么野树，随便问了夫人。她幼年时曾在莆田山区故家住过一段日子，乃告我："茶树！"记得它还曾著花若干朵，若白酒杯，使我惊喜不止。后来，我才知道旅居所处的西源垅山崖间，尽生野茶树。西源垅有一独户山民，夫妇采茶，自焙茶，并养鸡。因为我的夫人曾向他们买过鸡蛋以及茶叶，所以相识。记得当时一元人民币，可向他们买得九颗鸡蛋，两元人民币则得一斤茶叶。他们把所得人民币，用以在供销社换取盐、火柴等日用品。客居屋后有泉自崖上流下，我的夫人煮泉为我泡茶。其色浅绿，饮时啜现涩味，又有青草的香味。有时参加田间劳动，归后沐于山泉之下；沐毕，取出茶壶，自壶口直把茶水灌入肚子内，颇解渴，自嘲曰作野人饮。

一日，在大队供销社门口，偶然遇见西源垅那位独户山民，向他问及还有茶叶卖给我否？他一时显得有些惶恐的样子，向我摇手，又用手掌作菜刀状，在屁股后作刀切状，又一再摇手。我向他微笑，作不在意状。老实说，他的哑语，我能领会，即叫我不要声张。因为当时自山间采野茶，自制茶叶卖给客地人，乃是生了资本主义尾巴的表现，大队干部要过问的。

茶洞·"大红袍"

还是上个世纪70年代初叶，某年初冬，访崇安县，顺道游武夷山。从桂林大队一古道入山，先访水帘洞、鹰嘴岸等，又沿九曲溪岸上陆行，以观武夷水，以观大王、玉女、天游诸峰。其时，山中几无游人，坐竹筏沿九曲溪下放，从水上观水观山的传统而独特的游览方式，不免停用，陆上所经山径古道，往往蔓草侵胫，所以山间颇见凄清。不知怎的，我和陪我同游的一位刘姓年轻人，抱着一部从县文化馆借来的《武夷山志》，按着志上木刻地图所示，执意要去看一看茶洞和名茶“大红袍”的所在地。茶洞不过是武夷山西面的一个岩隙，我们到时，只见洞内幽明，有野竹、野树、山泉；闻宋明均有名士卜居于此。它之所以称为茶洞，因传闻武夷之第一棵茶树，就生于此。我们到时，见不到茶树，但隐约可见古人筑屋于此的遗址。至于大红袍，则是三棵古茶树，生于古御茶园北面一座山岩的近半山处。奇在于古，奇在于全山仅有此三树；奇在于它们既生于半山处，有山泉断续滴落其间，有山雾时或飘游其间，有山风时或经过东面的岩隙吹来。这三棵古茶，年产若干两（不是斤），历代皆为贡品。有若干玄乎其玄的传说，譬如说，只在茶杯内放一叶大红袍茶，泡开后，把一粒饭送入杯中，立时消化等等。以其珍贵无与伦比，天下人谁能尝此名种？无从对证、核实，所以此传说仍然流传。

擂　茶

20 世纪 80 年代初，某年暮秋，访将乐县。将乐，因玉华洞和杨龟山先生故里而闻于世。将乐的友人好客，约我到他家中喝擂茶。擂茶者，看来是民间（特别是山区民间）的一种古老的家庭饮料，原料主要当是芝麻，友人为了使我更为了解情况，特地请他的嫂嫂取出制作的器具，并当场操作一小会儿。我才知道：把芝麻等放在一个小石臼内，然后用一木棒不停地在臼内捣，并加水，芝麻捣成糜浆。捣，当地称为擂。那木棒是由茶树的茎做的，捣时，或说擂时，茶茎也同时被捣出（擂出）细末，渗入成为糜浆的芝麻内。把臼内这芝麻和茶茎的细末所融化的浓汁放进茶炊内煮开，便可饮用了。

我在将乐友人家中喝擂茶时，座前还摆上几碟传统的糕点，如此，随意品尝擂茶，吃糕点，闲谈。据友人云，擂茶是山民款待客人的珍贵礼品，其实也是山民的一种防治疾病乃至保健的传统饮料，不知已有多久历史了。他还具体说明，饮擂茶，可治瘴毒、痢疾。至于我，当日似乎还在友人家中感觉到一种民俗：文化源远流长的遗风，既亲切又别有趣味。

一杯茶

苏童

以前从未想到茶会与我结缘，从未想到一杯绿茶会在我的生活中显示如此重要的意味。

小时候家境清贫，母亲每次去茶叶店买茶，买回的都是一包包廉价的茶末，因此在很长一段时间里我以为喝茶时就是要鼓起腮帮吹一吹杯中的那层碎末的，以为茶的颜色天生就是黄色的。对于茶的所有认识概括起来只有一句话：茶是一种黄色的有微苦味的水。

喝也无妨，不喝也无妨，这么浑浑噩噩地喝了许多年的茶，有一天来了一位朋友到我处做客，坐下来就说，新茶上市了，你这儿有什么好茶？我想当然地从抽屉里取出一袋茶叶，指着标签上的价格说，这是好茶。没想到朋友喝了我的茶后面露尴尬之色。我失望地说，这茶还不算好？朋友说，应该是好茶的，不过，你是不是把茶跟樟脑放在一起了？我记不得那包茶叶是否真与樟脑同处一屉了，但朋友端着茶杯欲饮又止的表情使我感到很内疚也很难忘，我多年来形成的饮茶观一下子被粉碎了。我第一次认识到这个嗜茶者的常识：茶是有好坏之别的。

朋友中有许多热爱品茗集茶的，其中又有江苏茶、安徽茶、龙井茶等各派之分。我以前听他们对自己钟爱的茶大肆赞美时，常常不知所云，但后来身不由己地受了影响。某一个安静的夜，捧住一杯新沏的春茶，突然对于茶的美妙有了一种醍醐灌顶式的顿悟，茶的无可比拟的绿色，茶的无可比拟的香气，果然就在手边，果然就在嘴里。从此便放不下手中的一杯清茗。

喝茶之事从来不是为了发幽幽思古之情，喝茶是自我款待的最简捷最容易的方式。喝一杯好茶，领略茶中的绿色和香气，浮躁蠢动的心有时便奇异地安静下来，细细品味了竟然怀疑这是大自然馈赠我们的绿色仙药，它使我们在纷乱紧张的现实中松弛了许多，就因为注水泡茶的一个动作，就因为举起茶杯时的一种期待，就因为杯中的那点绿色，那缕香气。

喝茶之事似乎也不仅仅是满足口腹之欲，有时透过玻璃凝望水中那些绿色的芽尖，你可以轻易地获得对水泥墙钢条窗外的山野自然的想象，想象万树萌芽，想象雨露云雾，想象日出月落时的大片大片的绿色世界。在人们日益狭窄的生活空间里，这样的精神漫游或许也算一种享受了。

我后来再也没让我的茶叶染上樟脑味，许多朋友告诉我保存茶叶的方法，或入铁罐，或入冰箱，或者用牛皮纸封贮。我每年春天都在家里为那些新摘的茶叶寻找它们的居所。它们的居所马虎不得，因为所有的绿色所有的香气都是应该悉心保护的。

茶盲

阎连科

对于北方人来说，喝茶其实是一种奢侈，黄土寡薄，哪里生养得起那些娇贵的茶呢。儿时的乡村，谁家的罐中藏些茶叶，那个家境一定是有些殷实，一定是有人在外边的某个城市工作。茶叶，也是某一类家庭的象征。而那些藏有茶叶的家庭，也是不喝茶的。之所以藏着，是因为左邻右舍谁家的孩娃饭吃多了，有了积食，据说可以泡些茶叶水以当药用，消化食积。

可想，在北方，在北方的乡村，茶叶的尊贵。

我是在当了兵后，才喝上了人生第一杯泡了

茶叶的开水，微苦，微涩，并没有感到它有多么的爽口，但那是指导员特意给我泡的，为了让我好好为党工作，树立正确的入党观、人生观，愿为实现共产主义而努力奋斗，才撮了几枝放在一个玻璃杯中。因此，我更加体会到了茶叶于我意义的深刻、沉重，仿佛一个病人药锅中的人参。后来，提了干后，宣传科的办公室里总是放有茶叶，科长和干事们上班之后，第一件事就是先给自己泡一杯茶水，肃穆地和军帽并列放在桌角。自觉公家的茶叶、公家的开水，别人都喝，我不喝是显摆的吃亏，且你是党的机关干部，不喝茶叶水也显然是故意与众不同，也就渐渐喝了；加之那时白天上班，晚上要习作小说，人家说喝浓茶可以驱赶瞌睡，一试，果然，也就或多或少，有了浅浅的茶瘾。生活着不喝茶水，仿佛吃了一碗干饭没有喝汤一样。不过，茶的好坏，品质优劣，对我一概构不成什么伤害、遗憾和失落。

说起来，也算断断续续喝了二十年的茶了，红茶和绿茶之别，大多是泡在水里之后，我也才能分辨出来。这样的茶准，其实正如一生走路的人，永远无法分清软鞋底儿与硬鞋底儿谁更适合行程一样。软的底儿，柔脚却易于磨损，硬的呢，刺却坚实。当然，因为改革开放，鞋已经有了柔而坚实的鞋底，可茶，少见有人红绿各半地泡饮，如果真有，那也一定是如我这样的北方茶盲。说到茶盲，对我来说名副其实，和我自己总说自己半生没有写出一篇好小说一样实事求是。喝过碧螺春，忘了是什么味道；喝过龙井，也记不起它是什么滋味。总之，分辨不出它们二者的差异，也分辨不出它们与一般常茶的高下。

有次一位中将打开自己装机密文件的保险柜，取出一桶茶来，给我泡了一杯，说小阎，你尝尝这茶。并让我把泡茶的第一道水适时倒了，又续上第二道水适时之后，彼此品着。他问：“好吗？”我咂咂嘴道：“好。”又从杯中衔出一枝直竖蓬勃的绿叶在嘴里细嚼了许久，像刚刚镶上金牙的人不断地用舌头去舔那金牙一样。因为这个有些故意的动作，中将还说我对茶叶有些内行。可从中将的办公室里出来，同行的人问我，刚才中将给我泡了什么茶？我说喝不出来。又问，好吗？我说，说不上来。

还有一次，一个记者挚交，在过春节前，给我送了一桶茶叶，说是台湾的什么名贵，250 克，需 840 元钱。当时打开看了，发白，有层绒毛，样子的确与众不同。待他走后，我想把它卖了，半价也行，正好寄回老家让母亲或姐姐们过年。所以只要有朋友到我家里，我便拿出那桶茶叶推销，他们都说那茶确是好茶，愿要，不愿出钱。末了，我就只好将那桶名贵自己喝掉了，发现那桶茶叶的味道的确特别，每一口都有喝了金水银汤之感。

喝过功夫茶，觉得费时费劲；喝过各种毛尖，觉得大同小异；喝过发霉变质的茶叶，觉得要比白水有味。所以，我就觉得那些发现喝绿茶宜于读诗，喝红茶适宜读小说，喝碧螺春适合读杜牧的清词丽句，而喝白毫、紫笋适合读读古文的人，实在明白人生，活出了诗意。而像我这样爱喝茶的糊涂茶盲，真真是白白活了一场。茶盲又要每天喝茶，每天喝茶又对茶道一无所知。对名贵喝不出味道，对霉茶、常茶，觉得总比没有茶好，这样的人，和混在兔群中的羊有什么差别。

明天我又要回老家办事，还是捎二斤茶叶放在母亲专门储茶的那个瓦罐里吧。母亲说，村里谁家孩娃有了积食不化，甚或谁家小伙子找对象要和姑娘见面，常去她那儿讨要茶叶，因为她有一个儿子工作在外。

『茶叶故乡』的故乡

冰心

中国是茶叶的故乡，而我的故乡福建，更是茶叶故乡的故乡！福建茶叶的种类，多至好几十个，而我们的家传都是喜欢喝茉莉花茶。因为茉莉花茶不但带有烘过茉莉的清香，而且泡茶时也不必须用陶壶小杯等的讲究！记得1911年我从山东回到故乡福建福州的时候，看见我的祖父吃茶是很讲究的，他泡茶的水，不是井水而是雨水。福州多雨，一阵大雨过后，屋瓦彻底干净了，我们就把屋檐上的雨水，用竹管引到大木盖上开有小盖的大水缸里，泡茶时打开小木盖用小水勺舀出储存的雨水来煮沸。他说雨水是净化了的，没有土味。以后我跟父母到了北京，雨少天旱，没法子用雨水泡茶了，但父亲在盖碗里放上很多茶叶，说是要使茶香盖过水味。

现在我自饮或待客，用的茶叶也还是茉莉花茶，而泡茶用的水，不但雨水，连井水也没有了，我用的是带有漂白粉味的自来水！但我觉得饮茶总比饮水好，茶，更为有味而健脑清神。

说茶

邓友梅

茶

香叶嫩芽

慕诗客爱僧家

碾雕白玉罗织红纱

铫煎黄芯色碗转鞠尘花

夜后邀陪明月晨前明对朝霞

洗尽古今人不倦将知醉后岂堪夸

这首宝塔诗是唐人元微之写的，算不得最早的吟茶诗，足证明中国文人和茶结缘并不比酒晚，亲密程度也不比酒差。文人如此，普通人更甚，如果做次调查，喝茶的人八成比喝酒的人总数多。开门七件事：柴米油盐酱醋茶。北京的“六必居”据说是当年专卖六样生活必需品，只比以上少了柴字，两者都不包括酒。

中国人喜好喝茶，有时到了走火入魔的地步。赵佶当皇帝时，放着多少急事不办，却写了本研究茶的专著《大观茶论》。从产地、种植、采摘，到制造与喝法写得都地道，称得上是全世界自古至今唯一有皇帝衔的茶叶专家。他当皇上要也这么在行，不至于后来又当俘虏。我老家有个本族大辈，每天茶不离手，日本鬼子扫荡时，大家逃难，他不带行李却手中提把茶壶。走在半路受到日本兵的追击，叭的一枪正打中他的茶壶。人们全为他的性命担心，他却提着一对铜壶梁说：“可惜了这一壶好叶子！”是我一生中碰到的第一位把生死置之度外的勇士！

中国人喝茶的本事，也到了出神入化的地步。那个以修洛阳桥著名的状元蔡襄，在喝茶上就有独到功夫。据一本闲书记载，有人得到一点名贵的“小团茶”，知道蔡在这方面是权威，就请他来品尝。蔡听了高兴，临时又请来一位朋友陪他一同去。到那里后主人陪他说了一会儿话，就叫仆人献上茶来。蔡襄喝了两口，主人问他印象如何，他啧啧嘴说：“茶是不错，只是里边掺了‘大团茶’，不纯了。”主人心想这茶是新得到的珍品，自己亲手交与仆人煮的，怎会有假？为证实心迹，就把仆人召来当面问道：“我亲手交你的茶，你可曾掺假？”仆人见问得单刀直入，只好如实说：“原来备下小团茶是两人份，我见多了位客人，怕分量不够，又不敢找您要，我就掺了点大团茶。”主人听了大惊，对蔡状元的品茶功夫再不敢怀疑。这是名人轶事，可能有帮闲替他吹嘘，我的老师张天翼却给我讲过一个叫花子品茶的故事。闽省有位旧家子弟，不务正业，只好饮茶。最后穷得卖了老婆沿街求乞。因在家乡受人白眼，便流浪到了潮汕地界。这天要饭要到一家著名的茶庄门口。店主拿出几文钱给他。他说："钱不敢收，只求赏杯茶饮。"店主就叫人把日常待客的茶端来一杯给他。他喝了一口，却又吐了，摇头说："四远闻名大茶庄的茶不过如此，承教了。"说完扭头便走。这下子刺伤了店主的自尊心。就把他叫住，连忙吩咐把最好的乌龙泡一杯来。过了会儿茶冲来了，叫花子喝了一口，叹口气说："茶是上等的，可惜泡法低劣，糟蹋了！"店主听了大惊，便悄悄叫人到后宅，要他小妾泡一杯来。这小妾是他新买的，模样平平，就是善泡茶，店主就冲这一长处才买的她。过了片刻茶泡好送来，那叫花子只饮了一口就泪如雨下，泣不成声。店主忙问出了什么事，那叫花子说："这茶的味道使我想起了前妻，我从没见有人达到她这样火候……"那店主一问他的籍贯、历史，果然和那小妾一样。二话没说，叫人给他包了一包上好茶叶把他打发走了。

皇帝和我那位同乡大辈，对茶的嗜好虽如一，但我想他们喝的不是一种茶。宋朝时兴的贡茶是福建产的"龙凤团茶"，从书上记载的制法看大概是"红茶镶绿边"，所谓半发酵茶，可能类似今天的铁观音、乌龙之类。近年市上也有"龙凤团茶"卖，但不知是否就是赵佶和蔡襄喝的那一种。我那长辈喝的茶我却喝过，早年山东的农民全喝那个，是在集上卖酱油、糕点的摊上买来的。茶叶装在一个大木箱中，黑不溜秋，连梗带叶，既没有小包装，也不经茉莉花窨。沏成后褐中透红，又苦又涩，我估计其助消化的能力是极大的。我很奇怪，我的家乡是糠菜半年粮的苦地方，肚子里没什么需要茶叶帮助消化的，为什么家家却都喝茶！我问过老人此风由来。

他说是无茶不成礼，山东是礼仪之地，饭可以吃不饱，茶不能不喝。这话不能令人信服，我觉得家乡人还没傻到不管肚子饥饱只讲精神文明的地步，可也找不出更合理的理由来反驳他。这也可能是因为我出生于天津并一直在天津度过童年，山东只是我理论上的老家，对它的了解不深的缘故。

我小时家在天津，家里也喝茶。喝的是小叶、大方、茉莉双窨等大路货，其喝法却是一家两制：我姥姥家是纯天津人，所以我家也一年四季桌上摆着个藤编的壶套，里边放一把细瓷提梁画着麒麟送子茶壶。我娘抓一把茶叶，把水烧得滚开，滴到地上先听“噗”一声响，这才高高地沏下去，制成茶卤。以后她喝时倒半杯茶卤，再对半杯开水，这虽有一劳永逸的好处，但实在喝不出茶叶的味道。我爹是山东人，但自幼外出，不知受了哪位高人指教，自备了一把小壶，沏茶时先用开水把小壶涮热，放茶叶后先沏一道水，用手晃晃再倒出扔掉，再冲一次才可饮用。一次只喝一两口，马上再兑新水。事不过三。然后就倒掉重来。这喝法虽然出味，可实在繁琐耗时。所以到我自己喝茶时这两种传统都没继承，完全另搞一套。

在天津我见过两次特殊喝茶的喝法。一次是在梨栈。那时法租界的梨栈大街、劝业场一带是最热闹的地方。在劝业场门口那个十字路口有个警察指挥交通。有天我坐“胶皮”去光明电影院看电影，车刚在路边停下我还没给钱，那警察就招手叫拉车的过去。拉车的说：“劳驾，您替我看一会儿车，不知嘛地方惹着他了。”我也有点担心，眼盯着车夫跑到警察身边，见那警察说了句什么，车夫拿着把缺嘴的大茶壶就跑了回来，满脸歉意地说：“没办法还得耽误您一会儿，老总叫我给他沏壶茶去。”过了会儿那车夫把茶沏好送去，这才回来找我收钱。我远远地看见那位中国籍的“法国巡捕”左手端着茶壶嘴对嘴地喝着茶，右手伸直，在两口茶之间抽空喊道：“胶皮靠边，汽车东去……”这事给我印象很深，我以为这是法国警察的特有作风，后来去巴黎，还有意观察了一下，才知道巴黎的警察并不端着茶壶站岗。

另一次是去租界仙宫舞厅。一个偶然机会我随一位亲戚进了那家舞厅。在“香槟酒气满场飞”乐曲中，一对对时髦男女正在翩翩起舞，却见一位老者，手执小茶壶在场子中央打太极拳，每做两个动作就啜一口茶，旁若无人，自得其乐。多少年后我跟一个天津老乡说起这件事来。他说此人有名有姓，是位租界名人。可惜我没记住名字。

等我自己喝茶上瘾，已经是数十年后的事情了。

我这喝茶上瘾，是从泡茶馆开始的。五十年代初我去西昌。那时的西昌还属“西康省”，不仅没导弹基地，没有飞机场，连汽车也不通。从雅安出发一路都是骑马。每天一站，住的是“未晚先投宿，鸡鸣早看天”的鸡毛小店。店里除去床铺有时连桌子都没有，要想休息、看书就得上茶馆。好在四川的茶馆遍地都是。泡一碗沱茶，可以坐一晚上。在这里不光喝茶，还能长见识。头天去喝茶，几乎吓得我神经衰弱。茶馆中间有个桌子，四周摆着鼓、锣、钹、板。不一会儿坐下几个人就敲打起来。我正看得出神，忽然背后哇呀一声，有位穿竹布长衫的先生抚案站了起来，正不知出了什么事，那位先生开口唱了：“凄惨惨哪……”跟着周围的一些人就都吼了起来“凄惨惨命染黄泉哪……”众人吼过，那先生又有板有眼，一字一句，成本大套地唱了下去。我问同行的四川伙伴：“这是怎么回事？”他说这是四川茶馆清唱的规矩，哪位客人唱什么角色都是固定的。不管他坐在哪儿。

场面一响该开口的时候自会开口。我说："那打鼓的也没朝这边看，万一哪位先生有事没来，或是迟到了不就砸锅了？"他说不会，要敲半天板还没人应，打鼓的会接着替他唱下去的。这一惊刚过去，我正端起碗要喝茶，忽然从脖子后边又伸过根黄澄澄竹竿来，一回头，那竹竿竟杵到我嘴上。我正要发火，忽见远处地下坐着位老头，手执纸媒，噗的一口吹着了火，笑着冲我说："吸口烟吧！"我才看出那竟是根数尺长的烟管！他坐在中间遥控，身子一转可以供应周围几桌的人享用，抽完一个他用手抹一下烟管，再装上一袋伸向另外一人。除此之外在四川茶馆还学到了另外许多学问。回北京后我便开始泡北京的茶馆。直到当了右派，也还是有空就去喝茶听书。

泡茶馆成了我的业余爱好。落实政策后有了旅行机会，到广东，住香港，游西湖，逛上海，甚至到欧洲美国，有茶馆都非泡一下才死心。

茶事

林金荣

一

新年里一个不那么冷的夜晚，蒋艳来。她没有急着让我看她设计的封面，第一句话就问：“有茶壶吗？”她用偷偷做坏事的欣喜神情说：“一万多块钱一斤的茶，我们先尝为快。”

我同时拿出宜兴紫砂壶和潮州功夫茶的茶具，请她选。她选了潮州功夫茶。这是一套精致的茶具，红砂的座盘，细白瓷的一个盖碗，四个小茶盅，三人用最合宜。蒋艳掏出那贵重的茶来，只是一个小纸袋，不足二两。是一个做茶生意的朋友送给王庚飞的，让她代转，“我怎么能不偷着尝一尝呢？一万多块钱！”

“一喝上好茶，普通的茶就难以下咽了。”我随意接着话茬，手上已开始操作：烫一遍茶具，放上茶叶—— 一万多块钱的乌龙茶，也不敢放足——开水洗一遍，然后才一碗三盅，一遍遍喝起来。

自然是好茶，闻着清香，喝着和润，那和润的感觉是一般的茶没有的。

“要听点什么才好，”目木说，“京剧？”

“评弹吧。”我说。我知道蒋艳不熟悉评弹，但她会喜欢。

“听丽调？”

“祁调吧，靡靡之音，好听极了。”丽调是我素常喜欢的，可喝好茶的时候，丽调显得情感强烈了一些，不如祁调的柔婉妩媚合乎心境。

果然蒋艳由衷地喜欢。

原本一个普通的冬夜，因为意外而来的好茶美妙起来。

二

这套功夫茶茶具是潮州女孩捷华送我的。

1996 年夏天，我去西藏旅游。在到达那曲的第二天，我正躺在地区招待所的床上揉按我那快要胀裂的脑袋，一个头发乌黑、眼睛乌黑的圆脸女孩背着行囊推门进来，那就是捷华。她和我一样走青藏线进来，不同的是，我来之前，马丽华已为我安排好了一切，我知道将有人接我、陪我，而这个女孩，她完全是独自一人。她原本计划从格尔木直达拉萨，因为乘坐的大巴路上出故障，估计到达拉萨是深夜，她临时决定在那曲下车。以她一贯的经验，政府招待所比较便宜，便自己找到这里住宿。我一下就喜欢上这个勇敢的女孩，她才二十多岁，二十三四岁吧，已经一个人走了很多地方，四川，敦煌，新疆，一个人揣着打工挣的钱，到处走来走去。接下来的几天里，我们俩做伴，原来受马丽华委托照顾我的男孩子，乐得摆脱我。每年夏季，源源不断的内地旅行者的叨扰，已经让这些常年在西藏工作的汉人不胜其烦。

在拉萨，捷华按照一本台湾版旅游书的指引，独自住进亚旅馆。亚旅馆是那种可以男女混住的廉价旅馆，我看到捷华被店老板领进一个有黄头发外国男青年的大房间时吓了一跳，捷华也不能接受，要了单间。单间贵多了，捷华倒也没有心疼的样子。我住马丽华家里。马丽华那时简直是全西藏最忙的人，我刚住下来，她就飞成都又飞新疆去了。我便和捷华一起看了布达拉宫、大昭寺、罗布林卡和哲蚌寺。我问她这些年走来走去，看了那么多地方，有什么感受？她说："都差不多。"我奇怪："都差不多？那还这么大的热情到处走，为了什么？"她说："不知道。隔一段时间就要跑出来，没去过的地方就想去看看。"

我们分手时我留给她一张名片，说如果有一天你到了北京，就与我联系。她没留电话，我也没要，我想多半我不会去潮州或者汕头找她。

是哪一年的一个普通日子，忽然接到一张寄自苏州的贺卡，我以为是目木的什么朋友，打开一看，竟是捷华。她说她这些年仍像只兔子一样跑来跑去，在大理住了两个月，在洱海上看到了有生以来最美的中秋月，所谓“上关花”“苍山雪”“洱海月”都欣赏到了，只没有领略春天的“下关风”，就给了她再去一次的理由。现在在苏州吃点心，不知为什么想起我，就寄了这么一张卡，问候一下。我莫名地感动了，捧着那张卡看了很长时间。我想，这个自由勇敢的女孩，就像我的一个不能实现的梦。不光是青年时代，即使现在，我也常常梦想自己能这样随意地四处野玩。只是梦而已。我是一个有很多梦想却不努力、也不着急去实现的人，没有实现的梦想，深深浅浅地放在心里，偶然泛起，我就发一阵呆，那种时候，有点像神游幻境。

2000 年夏末的一天，捷华终于站在了我面前。

“哈，你跑来跑去，终于跑到北京了！”在西藏时她曾说，北京是她最不着急去的地方，当然也是肯定要去的地方。

“北京不错，”她说，“我要住一段时间。”喜欢一个地方，就住一段时间，边打工挣钱，边四处闲逛。她在丽江住了三个月，在苏州住了半年，苏州与丽江她更喜欢丽江，但丽江没有合适的工，苏州挣钱容易一些。

她送我的见面礼，就是这套功夫茶茶具。还有一包乌龙茶，一大包。

我惊奇地看着她摆弄茶具，烫杯，洗茶，滚烫的开水倒进细薄的瓷盖碗里，她不怕烫的手起起落落，将橙红颜色的茶水均匀倒入三只盈盈一握的小茶盅里。“请！”她伸手示意我和目木。这是喝功夫茶的礼节，掌杯的人尽主人之仪，请客人先用。

那已是下午三点多钟。我的习惯，过了中午就不喝茶了，否则夜里失眠。可我的天性——从不拒绝美好事物的降临。此时此刻，一个远道而来的姑娘，向我展示着另一种生活方式里的精致细节，我的心温存愉悦。那茶的苦涩十分尖锐，连临睡前都要泡杯新茶喝的目木也不能消受。

“潮汕人天天这么喝茶，喝这种茶，比这还要浓。”捷华说。

我想起我的老家泰安，我的那些老亲戚，他们每天起床以后的第一件事，不是刷牙洗脸吃饭，而是喝茶。那浅黄釉还画着几道墨兰的瓷茶壶，带把儿的小茶杯。我的姥姥，端坐在八仙桌左手的硬木高背椅上，静静地，慢慢地，喝着浓酽的茶。清贫人家，喝的是普通花茶，我童年的记忆里，他们常常喝茶叶末泡的茶。要是哪个大人身体不大舒服，姥姥就说：“喝杯酽茶就好了。”

我一说到我老家的人一辈子只喝花茶，目木就很怜悯地摇头，就会说起花茶的来历：南方的茶商往北方运茶，长途之中，娇嫩的绿茶发生了霉变，茶商唯利是图，就在霉变的绿茶里放上茉莉花，冲去霉味，没想到北方人反以为香，才有了花茶。目木是苏州人，心里把喝绿茶——碧螺春啊，龙井啊，看作最有品位。全中国有几个地方像苏州人那么有福气？

在捷华看来，功夫茶是最好的。

捷华在北京住下了，住在东郊农家小院里。我不知道她打的什么工，我问过，她也说过，可我总是不清楚，那是我太陌生的领域吧。

我们不常联系。冷不丁地她会突然打来电话：“有时间吗？我要过来喝茶。”

喝下午茶。她说送我这套茶具是有一个私心的，为了在北京能在想喝家乡茶时可以喝上。有时很长很长时间没有消息，再来喝茶时，她说她去大连住了两个月，她喜欢大连。

“我想找到一个能让我待下来不想再离开的地方，可是，总也找不到。也许，总会找到的。”她有点落寞地说。

“那地方要有什么样的条件才能留住你呢？风光？气候？还是一份好工？”

“风景不重要，哪里都差不多。气候也不重要。要说工作，在广东最好做。”

我笑了：“你是在找爱情吧？你在找一场奇遇。”

“爱情……”她不那么顺畅地说，“我想能有几个人，坐在一起，不需要说很多话就能互相知道……能有一个也行，不一定是爱情……”

她的神情，像说出一个不愿示人的秘密那样难堪。我不忍心再看她。我有点心酸。这个年轻的姑娘，她东奔西走，像个女侠，像个传奇人物，可是她的愿望竟是这么简单。可能说这是个简单的愿望吗？一种比爱情还要热烈的感情，埋藏在她的心底，我不知道她这一生能不能找到一个安放它的地方。

又很久很久没有她的消息了，我不知道她又去了哪里。

三

不上班的日子，早饭以后，目木烧好开水，我就开始摆上功夫茶。烫杯，洗茶，滚烫的开水倒进细薄的瓷盖碗里，第一泡，第二泡……听着言菊朋，打开一本书，看到一个句子：“苦笋与茗异常佳，乃可径来。”

这是唐代怀素的《苦笋帖》。我第一次看到，自己解释着它，不觉开心地笑起来。我对目木说：“怀素给他的好朋友写信，说他有好茶，快来喝。

真是雅事。”

目木说：“不是这个意思，怀素是跟人要茶。”

“这是我的一个梦想。”我说，“等我们有了大房子，我要辟出一间茶室，当我有好茶时，我就给好朋友打电话，告诉他们，我这里有好茶，快来喝。”

你知道我是个有许多梦想却并不努力、也不着急去实现的人。可是心怀许多梦想，是一件多好的事啊，有一天，天上掉下一个馅饼，那正是最美的一个梦，比如：爱情。

一壶天地小如瓜

松子茶

林清玄

朋友从韩国来，送我一大包生松子，我还是第一次看到生的松子，晶莹细白，颇能想起“空山松子落，幽人应未眠”那样的情怀。

松子给人的联想自然有一种高远的境界，但是经过人工采撷、制造过的松子是用来吃的，怎么样来吃这些松子呢？我想起饭馆里面有一道炒松子，便征询朋友的意见，要把那包松子下油锅了。

朋友一听，大惊失色：“松子怎么能用油炒呢？”

“在台湾，我们都是这样吃松子的。”我说。

“罪过，罪过，这包松子看起来虽然不多，你想它是多少棵松树经过冬雪的锻炼才能长出来的呢？用油一炒，不但松子味尽失，而且也损伤了我们吃这种天地精华的原意了。何况，松子虽然淡雅，仍然是油性的，必须用淡雅的吃法才能品出它的真味。”

“那么，松子应该怎么吃呢？”我疑惑地问。“即使在盛产松子的韩国，松子仍然被看作珍贵的食品，松子最好的吃法是泡茶。”

“泡茶？”“你烹茶的时候,加几粒松子在里面,松子会浮出淡淡的油脂，并生松香，使一壶茶顿时津香润滑，有高山流水之气。”

当夜，我们便就着月光，在屋内喝松子茶，果如朋友所说的，极平凡的茶加了一些松子就不凡起来了。那种感觉就像是在遍地的绿草中突然开起优雅的小花，并且闻到那花的香气，我觉得，以松子烹茶，是最不辜负这些生长在高山上历经冰雪的松子了。

“松子是小得不能再小的东西，但是有时候，极微小的东西也可以做情绪的大主宰。诗人在月夜的空山听到微不可辨的松子落声，会想起远方未眠的朋友，我们对月喝松子茶也可以说是独尝异味，尘俗为之解脱，我们一向在快乐的时候觉得日子太短，在忧烦的时候又觉得日子过得太长，完全是因为我们不能把握像松子一样存在我们生活四周的小东西。”朋友说。

朋友的话十分有理，使我想起人自命是世界的主宰，但是人并非这个世界唯一的主人。就以经常遍照的日月来说，太阳给了万物的生机和力量，并不单给人们照耀；而在月光温柔的怀抱里，虫鸟鸣唱，不让人在月下独享，即使是一粒小小松子，也是吸取了日月精华而生，我们虽然能将它烹茶、下锅，但不表示我们比松子高贵。

佛眼和尚在禅宗的公案里，留下两句名言：

水自竹边流出冷，

风从花里过来香。

水和竹原是不相干的，可是因为水从竹子边流出来就显得格外清冷；花是香的，但花的香如果没有风从中穿过，就永远不能为人体知。可见，纵是简单的万物也要通过配合才生出不同的意义，何况是人和松子？

我觉得，人一切的心灵活动都是抽象的，这种抽象宜于联想；得到人世一切物质的富人如果不能联想，他还是觉得不足；倘若是一个贫苦的人有了抽象联想，也可以过得幸福。这完全是境界的差别，禅宗五祖曾经问过："风吹幡动，是风动？还是幡动？"六祖慧能的答案可以作为一个例证："不是风动，不是幡动，是仁者心动。"

仁者，人也。在人心所动的 ·刻，看见的万物都是动的，人若呆滞，风动幡动都会视而不能见。怪不得有人在荒原里行走时会想起生活的悲境，大叹："只道那情爱之深无边无际，未料这离别之苦苦比天高。"而心中有山河大地的人却能说出"长亭凉夜月，多为客铺舒"，感怀出"睡时用明霞作被，醒来以月儿点灯"等引人遐思的境界。

一些小小泡在茶里的松子，一粒停泊在温柔海边的细沙，一声在夏夜里传来的微弱虫声，一点斜在遥远天际的星光……它们全是无言的，但随着灵思的流转，就有了炫目的光彩。记得沈从文这样说过："凡是美的都没有家，流星，落花，萤火，最会鸣叫的蓝头红嘴绿翅膀的王母鸟，也都没有家的。谁见过人蓄养凤凰呢？谁能束缚着月光呢？一颗流星自有它来去的方向，我有我的去处。”

灵魂是一面随风招展的旗子，人永远不要忽视身边事物，因为它也许正可以飘动你心中的那面旗，即使是小如松子。

粗茶淡饭

简媜

一

《五灯会元》里，赵州观音院的从谂禅师。

这日春暖花开，鸟鸣林梢，禅师于室内小坐。忽然，总理院务的院主进来禀报，有远僧前来参访。禅师整袖纳履，迤迤然出迎。

从谂禅师劈头问客："来过这里吗？"

客答："来过！"

师曰："吃茶去！"

又问一僧："来过这里吗？"

僧曰："没来过！"

师曰："吃茶去！"

侍立一旁的院主，这会儿是丈二金刚摸不着脑袋了，还好尚有一张嘴可以问：

"为什么来过这儿的叫他吃茶去，没来过的也吃茶去？"

从谂禅师气定神闲，忽然大叫一声：

"院主！"

院主大叫一声："有！"

禅师拂拂袖，嘻嘻然说："吃茶去！"

看到这则公案，不禁莞尔。遥想那三人喝茶的模样：有正中心怀，牛饮解渴的；有默然品茗，独自参酌的；有满腹狐疑，沾杯了事的。

想必禅师依然室内小坐，春暖花开，鸟鸣林梢。

二

习惯到处喝茶。在等人与散会之后，拿出稿纸，继续占领冷气充足的角落，写起《下午茶》。

稿纸恒是我安歇的青青草地，我在自己的国土放牧字的牛羊；指引它们啮草，或大幅删改，叫它们死亡。现实世界离我非常遥远，身前身后语声之热浪，与我无关。

在一家名叫"下午茶"的画廊咖啡店里写《浮柚》那篇时，窗外正是奔泻的夏日雷雨——其实避雨的是我自己。

在台北火车站附近 F. M. Station 地下室点了“覆盆子茶”，编了大 A 与小 a 的故事——其实受骗的是我自己。

如果，每一本书都可以找出一种特殊的生活背景触发作者在当时当地创作的话，《下午茶》从《中时晚报》时代副刊一通随便写什么都可以的邀稿电话演变成今天的面貌，它的背景无疑地就是企图从现实世界脱逃的那股渴望。如果，要我自己更深地挖掘下去，为什么写成“茶”的散文极短篇，而不是别的题材杂文？我想，这种追溯是永远没有办法清晰的，因为，引发创作的芽眼已在成长过程中不断加入而辗成整体了。

当然，我还是可以回想到几桩跟茶有关的往事——既是往事，自然是童稚时代的上古史了。

我们乡下不喝茶，冬瓜茶与麦茶除外。平常渴了，捧井水喝几口，或摘几粒番茄吃。只有初一、十五供奉清果时，泡壶小茶斟在神案上的杯子里，我以为茶是给神明喝的。用的茶叶，是武荖坑出产的，这也是后来才知道，原来蜜饯与茶叶都是兰阳平原的名产，这么好的匹配，我都辜负了。

有一回，阿嬷的脚指头因长期浸泡在田水里，疼痛不堪，据说嚼碎的茶叶塞在趾缝可以治愈。她丢一包茶叶给我，叫我嚼。我坐在眠床边的板凳上，她躺在床上，伸出十只不规则形的脚指头，我嚼烂一口就塞一缝，每塞一缝就叫她夹紧，她老是夹不紧，茶屑掉了满地。这不能怪她，谁有办法叫脚指头两两夹紧的？总之，为了塞住那八个缝，不知嚼了多少茶叶。只记得祖孙俩大功告成时，我冲到井边猛灌水，那满口麻涩的滋味，让我一直打抖，像乩童。

真正看到茶园，是上了国中。我们那班是很奇怪的班，我认识的第一位山地同学给我很好的印象。她非常美，大眼睛，白皙皮肤泛着一抹自然的粉红，平日羞答答的，唱歌又相当悦耳——我想，那种嗓子是山神赐给他们的，以便在深山里相互对答。她每天必须花七个钟头上下课，走路下山，提鞋渡河，走路到小村里，踩脚踏车到学校。她的功课怎能好？但她仍旧受到喜爱，因为她的书包里装的番石榴、椪柑、金枣、红肉李，比课本还多。

我们那班其实可以组个杂货店，她卖水果，有人卖她阿母特制的萝卜干，我卖扫把。她的水果老是有一股特殊的香草气，一问才知道出在书包，她的书包一到采茶季节便成为到处打零工的茶叶篓了。

然后，她带我们到她的山上去。穿过小村，停好脚踏车，走路渡过一条两岸全是黑白石头的河，走路上山，随手摘金枣吃。她说，那一片就是茶园！那时，太阳蒸蒸，我觉得整片山坡都在起伏，企图翻身，冒着白烟。我一定被她的山神给震慑了，那绿的波浪温柔且静好，在夏日蝉嘶中，像一首充满回音的山地歌谣。

然而，我还是没喝到茶。

三

仍旧眷恋独处，在市中心的九楼，常常把百叶窗拉密，用与世隔绝的手势，回到自己，裸足下田，在稿纸上。

我翻阅《茶经》，想象陆羽的面貌，到底什么样的感动让他写下中国第一本系统介绍茶艺的书？因为喜欢喝茶？还是在品茗之中体会茶汁缓缓沿喉而下，与血肉之躯融合之后的那股甘醇？饮茶需要布局，但饮后的回甘却又破格，多么像人生。同一个杯，同一种茶，同一式泡法，饮在不同的喉里，冷暖浓淡自知，完全是心证功夫。有人喝茶是在喝一套精致而考究的手艺；有人握杯闻香，交递清浊之气；有人见杯即干，不事进德修业，专爱消化排泄；有人随兴，水是好水，壶是好壶，茶是好茶。大化浪浪，半睡半醒，茶之一字，诸子百家都可以注解。

我终究不似陆羽的喝法。我化成众生的喉咙，喝茶。

当然，也不如李白、东坡才情，焚香小坐，静气品茗，给茶取个响亮的名字："仙人掌茶""月兔茶"，满座皆叹服好茶好名姓。谁晓得二位高士安什么心？仙人掌嘴、月兔杵臼，我倒觉得嬉怒笑骂！

所以，既然"下午"喝茶，且把手艺拆穿，杯壶错乱，道可道非常道，至少不是我的道。我只要一刹那的喉韵，无道一身轻。

喜欢读茶名，甚于赏壶。茶树管它长成什么样其实都是枝枝叶叶，本来无名无姓。人替它取了名，是拟人化了。不管名字背后代表它的出身、制造过程，抑或冲泡时的香味，总是人的自作多情。反正，人就是霸道，喜欢用建构社会解释生命的一套逻辑转嫁在茶身上，必要时还要改良品种。所以，茶也有尊卑高低了。我既然写茶，自然无法避免使用现有的茶名，这是基础语言。但我纯粹想象，用旧躯壳装新灵魂。

几乎天天喝茶，通常一杯从早到晚只添水不换茶叶，所以浓冽是早晨，清香已到了中午，淡如白水合该熄灯就寝。喝茶顺道看杯中茶，蜷缩是婴儿，收放自如到了豆蔻年华，肥硕即是阳寿将尽。一撮叶，每天看到一生。看久了，说心花怒放也可以，说不动声色亦可。

平日逛街，看到茶店总会溜进去，平白叫几个生张熟魏的茶名也很过瘾。很少不买的，买回来首先独品。乌龙茶好比高人，喝一口即能指点迷津。花茶非常精灵，可惜少了雍容气度。冰的柠檬红茶有点志不同道不合，可夏日炎炎，它是个好人。白毫乌龙耐品，像温厚而睿智的老者。加味茶里，薄荷最是天真可爱，月桂有点城府，玫瑰妖娆，英国皇家红茶，恕我直言，镀金皇冠。

还是爱喝中国的茶，情感特别体贴。铁观音外刚内柔，佛手喝来春暖花开。柚茶苦口婆心。至于陈年普洱，好比走进王谢堂内，蛛网恢恢疏而不漏。龙须茶，真像圣旨驾到，五脏六腑统统下跪。

喝茶也会“茶醉”。在朋友的茶庄，说是上好乌龙，到了第七泡，喉鼻畅通，满腔清香，竟会醺醺然，走路好像误入仙人花苑，可见《七碗歌》绝非子虚乌有。

既然茶不挑嘴，嘴不挑茶，有些滋味就写入文章。不见得真有其人其事，只不过从茶味中得着一点灵犀，与我内心版图上的人物一一印合，我在替舌尖的滋味找人的面目，而已。

这样的写法，也可以说看不出跟茶有什么瓜葛！话说回来，这是我的喝法，有何不可呢？况且，真正让我感兴趣的，不是茶的制造或茶艺，是茶味。

茶不能缺少壶，犹如对弈不能无棋。原先也打算玩壶，一来两手没空，二来玩不起。溜到茶店门口，隔着玻璃监狱给壶探监；要不，上好友家，搬把凳子，打开柜子，把他收购的壶挪到桌上，研究研究。老实说，不亲。他的壶子壶孙，有的是人家养亮了，出个价买的，有的新绳系新壶，壶底的标价未撕恰恰好黏住了“宜兴”。包袱、树干、葵花、小壶……都是名家后裔，可是新手新泥少了点心血味。其实，捏壶的痴法与收壶的痴法相同，据说爱壶人“相”到一把好壶，因故不能耳鬓厮磨，那种心痛好比与爱人诀别，十分悲壮。

我那朋友是属于沿路娶妾的，我是布衣白丁不为情困，专爱眉来眼去。

所以，文章里的茶具都是器而不器。

或许，深谙茶道的高手将视我为大逆不道，合该拖出去斩首示众。刀下留不留人在他，我是这么想：比方下棋吧，会摆谱布局的，尽管将帅相逢、兵卒厮杀；儿童比弈，没这规矩，叠棋子比高低。

我的饮水生涯乏善可陈，但是乐在其中。这些年，看到好碗好杯好碟好价钱，霸着柜台就娶了，也不算收藏，八字没一撇，只是寻常布衣，一见钟情而已。买来也不会奉为上宾，破的破、碎的碎，插花、弹灰、养石头，各适其性。这么一路玩下来，有些轻微的幸福就出现了。

虽是杯什器皿，与我脾性相切，用起来如见故友，缺角漏水，我不嫌它，核价高低那是店面的事，用不着标在生活上。茶水生涯亦如此，好茶、劣茶怎么分呢？喝好茶、喝劣茶怎么说呢？前人茶书中备注了，凡有恶客、大宴、为人事所迫时不宜沏茶，会糟蹋佳茗清心。这话有道理，所以袋茶是最好的逐客令，一杯水打死客人，言外之意是，茶喝完了您请回。

若是薄云小雨天气，窗外竹树烟翠，花含苞，人悠闲，案头小灯晶莹，此时净手沏茶，就算粗茶配了个缺角杯，饮来，也格外耳聪目明。

所谓佳茗，在我看来，即是茶、壶、人一体。

所以，我随心所欲饮茶。

四

然后，我回到自己，安静的自己。

记起禅师的叮咛：吃茶去！

煮水，沏茶。深夜的街道偶有叫卖声音，像梦境边缘的巡更人。白日的喧嚣已随风而逝，变成遥远的过去，我会单纯地喝着茶，想或不想，写或不写，存在或不存在。

茶吃完了呢？

洗钵去。

一九八九年四月

佛手茶

妙华

以前我也喝茶，红茶、绿茶、花茶都分得出来，而且知道好坏。甚至还有机缘看到陆羽的《茶经》，在云南看到古老的茶树王，在杭州看到龙井茶树和茶垅，连同龙井寺旁古人专一用来泡茶的龙井泉，连同工人炮制茶叶的整个过程。甚至还听到很多关于茶的故事，和茶人们谈茶道，观赏茶艺表演。最玄的要算把禅和茶弄在一起的佛门中人了。他们说禅中有茶，茶中有禅，习禅如品茶，品茶如习禅，大家都这么说，玄玄乎乎的，至于茶中怎么个禅味，禅中怎么个茶味，我至今没有听到，也没有看到，更没有体味到。禅门大德的开示中又很鲜将禅茶并讲，所以至今我的心里也还是二二乎乎的。

在玻璃杯中冲龙井茶，水不要太烫，不要盖盖，这是杭州人教给我的；在泥壶或紫砂壶中泡乌龙茶，水要开要烫，要盖严盖，这是福建人教给我的；如此种种不同的茶具，不同的技法，可以说是林林总总，花样百出，说不能尽，书之不完。

但这些在我看来，也都是花活，因为到底茶是什么味道，完全在于喝茶或品茶的人。

花茶酷似老北京，温温厚厚，茶和花的香味儿，耐闻耐喝。你可以大碗大碗大杯大杯地喝，解渴。也可以慢慢咂吧着喝，随便，没有那些许讲究。所以南方人说北京人喝茶是“牛饮”。

乌龙茶恰如闽南人，它对你的那份情意你要细细地品味，在舌尖，在上腭，在喉间，只能小盅小盅的，和着那苦涩，和着那浓香，拿捏着品茶的规矩，吃着茶点。所以闽南把喝茶说成是品茶。

龙井茶正如苏杭人，清清爽爽。朋友远近，经济往来，毫不含糊。借的是借的，必须还。给的是给的，不必还。没有什么好啰唆的。弄不灵清的事，苏杭人不喜欢。粗鲁的北方人，大口大口地喝龙井茶，末了，抹抹嘴，说有一股青草味，把难堪和痛苦留给苏杭人。所以，龙井茶要一小口、一小口地呷，三遍过后，可以将水滤去，把茶叶吃了，真嫩。所以苏杭人把喝茶叫吃茶。

大热天，在市面上奔来跑去，外灼内热，喝什么茶都只有一个目的，解渴，茶也就没有什么味了。

大冬天，聚在一起，家长里短，外冷内寒，是什么茶也只有一个目的，暖和，茶也就没有什么味了。

我喝茶闹出过好大一个误会。老和尚从陕西带给我一盒价值五百元的陕青。我特意叫来几位同道，实实在在地泡了一紫砂壶。大家刚喝一口，都不约而同“哇”的一声吐了出来，边抹嘴边说苦死了，比中药还毒人。我小心地呷了一口，真苦，没有一丝香气，也没有一点茶味。

我很委婉地打电话给老和尚。老和尚很耐心地给我说：陕青又名佛手，长在很高大的树上，春天茶树抽枝的时候，茶农连同枝条摘下来，阴成半干，一个一个搓成麻花状，再揉成一小团，所以一杯只须放一个，便可以喝半个月，你咋能泡半壶呢？！而且它清火明目，味道苦中含香，是不可多得的茶中上品呀！

末了，老和尚赘了一句：“苦，才是人间正品。”

茶道之道

伍立杨

秦可卿领着宝玉入室，警幻仙姑又领着他神游太虚幻境，在那绿树清溪、朱栏玉砌的神秘所在，贾宝玉不仅见到了仙花馥郁，还见到了以名山异卉之精、宝林珠树之油所制的“群芳髓”。及至小丫环捧上茶来，原来这茶，出自放春山遣香洞，又以仙花灵叶上所带的宿露烹煎，名叫“千红一窟”，宝玉见了，叹为神品。

如此香美灵异的茶难道是一般人所能享用的吗？谁知，中国茶叶传到日本以后，讲究更多了，成了专门的茶道。而且，这茶道，还同禅的修证、禅悦联系在一起，所以，茶道即是禅悟之道。

中国诗人陆游说：“矮纸斜行闲作草，晴窗细乳戏分茶。”前一句铺垫，是休闲的心境；后一句渲染，是禅意的获得。他把茶水面上的小泡沫，比作小巧的乳房，观察联想都堪称奇绝。但这观察，又是建立在悠闲的心境上的。日本的禅学大师铃木大拙以为茶道之人的禅在于自我最终的纯化，而且，茶道的淳朴是以松树下的茅屋为象征的，这样看来，茶道的美心是原始而质朴的。为什么茶道又以松树下的茅屋为象征？这就是亲近自然的理想了。茶道与禅的相通之处，是在对事物的纯化。而在松荫茅檐下，室虽狭小，结构虽简单，然而静坐在这布置独到的小屋中，往往就要令人把名利啊、倾轧啊，这些人类固有的弱点和毛病看淡一些，远离一些，在茶香的弥漫中，在寂静的空间里，天机舒卷，意境自深，这样说，茶道绝非简单的喝茶。

禅，尤其是作为禅的茶道，足以使我们的心中萌发一种真正的艺术气氛。禅悟的获得在静，而茶香的飘逸，茶烟的袅动，茶叶的翻浮，虽都是动，但动复归静，即其动之本身也是微动，正好作为静境的烘托和铺垫。这正是可以作为禅悟的无数个瞬间。

酒使人陶醉，茶却使人微醺；酒使人沉湎，茶令人梦幻。在禅院中常常能看到四字书法：和、敬、清、寂。在静寂中沉入梦幻，在梦幻中潜回意识的底层。唐代的中国禅寺，僧人同来访者一起吃茶，其特质是使僧侣和诗人能够鉴赏它，品味它，在宁静的氛围中，产生一种安谧的气息，催人冥想。敏感的心灵，此时是很容易超逸到俗务之外去的。

人生、艺术若是融化了这种茶道精神，不是别有一番格调和韵味吗？

禅院吃茶的仪式在唐宋时传入日本，并经改造后成为独立的茶道。其实在中国，东晋时的僧侣饮茶就是为了使精神复苏，使其有助于坐禅修定，专心思维。唐代禅僧更盛行吃茶，同和尚交游甚厚的茶圣陆羽《茶经》记载的煎茶法，就源于丛林中。贯休诗云：“青云名士时相访，茶煮西峰瀑布冰。”饮茶不仅是补充液体了，它的精神是静寂、和融。人生于世，追求心灵自由者莫不抱着这样的愿望，抛开羁绊，向大自然倾吐心声。这才是茶道的真正着眼点。

茶禅闲话

葛兆光

古人以禅意入诗入画，尝有“诗禅”“画禅”之称，似无“茶禅”之名，东瀛有“茶道”（Teaism）一词，其意乃“茶の道”，我这里杜撰个“茶禅”，并非立异争胜，只不过古时大德嗜茶者多，说公案，斗机锋，常常有个“茶”字在，故生老婆心入文字禅，也在“茶”与“禅”两边各拈一些子花絮，凑合成几则茶不茶、禅不禅的话头，在题内说几句题外的闲言语罢了。

一、文人吃茶

文人吃茶，比不得四川人泡茶馆，也比不得广东人吃早茶。蜀中茶馆烟雾蒸腾，茶博士吆喝声与茶客们聊天声沸反盈天，热闹自是热闹，却不静；粤乡茶楼气味浓郁，肉包子小烧卖甜点心外加肉粥皮蛋粥香气袭人，美味固然美味，却不清。更何况在香瓜子、花生米、唾沫星子、一氧化碳的左右夹攻下，茶成了配角，名曰吃茶，茶却成了点缀、借口、漱口水或清肠汤。而文人吃茶，却是真的吃茶，而文人吃茶中要紧的有两个大字：清、闲，这“清”“闲”二字中便有个禅意在。

口舌之味通于道，这是一句老话。中国文人雅士素来看重一个“清”字，然而，若问什么唤作“清”，却颇有些子搅不清拎不清说不清，只能勉强借了禅宗六祖慧能大师的四个字，唤作“虚融淡泊”。若有人打破砂锅问什么又是“虚融淡泊”，便只能粗略地说，大凡举止散淡、性格恬淡、言语冲淡、色彩浅淡、音声闲淡及味道清淡皆可归入此类称作“清”，即老子所云“见素抱朴”，佛陀所云“淡泊宁静”。下一赞语则为“雅”，反之则唤作“浊”。如一身大红大紫花团锦簇披金挂银，便是暴发的财佬而不是清贫的高士；甜腻秽浊满口胡柴，便是泼妇土鳖市井无赖而不是洁身自爱的君子；钻营人世情欲十足，则是穷酸腐儒小人之辈而算不得孤傲清高的智人；口嗜油腥荤膻如红烧肉涮羊肉烤乳猪之类，则只是久饥的老饕而不是入雅士之列的文人。下一字贬词，则唤作“俗”。槛内之人如是，槛外之人亦如是，清人龚炜《巢林笔谈》卷一曾记有一寺庙“盆树充庭，诗画满壁，鼎樽盈案”，而寺中老僧“盛服而出，款曲之际夸示交游，侈陈朝贵”，便下了一句断语说：“盖一俗僧也。”而《居士传》卷十九《王摩诘传》记唐代诗人王维“斋中无所有，唯药铛、茶臼、经案、绳床而已”，则暗示他清雅之极无半分浊气。这雅俗之分正在其清浊之间，而这清浊之分则内在其心净与不净，外在其言行举止淡与不淡之间。这雅、清、淡正是六祖慧能大师所谓“虚融淡泊”，也正是神会和尚所谓“不起心，常无相清净”，习禅修道者不可不识这一“清”字，亦不可不辨那一个“浊”字。禅家多“吃茶”，正在于水乃天下至清之物，茶又为水中至清之味，文人追求清雅的人品与情趣，便不可不吃茶，欲入禅体道，便更不可不吃茶，吃好茶。所谓“好茶”，依清代梁章钜《归田琐记》卷七，并非在其香，而是在其清，“香而不清，则凡品也”，大概不是千儿八百一斤的“碧螺春”“君山银针”，至少也得是清明时节头道摘来一叶一芽的“龙井”之类。而北方人惯啜的“香片儿”，过香而不清，南方人惯啜的“功夫茶”，过浓而不清，便难以入“清茗”之品而只能算解油腻助消化的涤肠之汤了。

得一“清”字，尚须一个“闲”字。若一杯清茗在手却忙不迭地灌将下肚，却又无半点雅致禅趣了。《巢林笔谈续编》卷下云：“炉香烟袅，引人神思欲远，趣从静领，自异粗浮。品茶亦然。”故品茶又须有闲，闲则静，静则定，对清茗而遐思，啜茶汁而神清，于是心底渐生出一种悠然自乐的恬怡之情来，恰如宋释德洪《山居》诗中所云：“深谷清泉白石，空斋棐几明窗，饭罢一瓯春露，梦成风雨翻江。”吃茶闲暇之中，世间烦恼、人生苦乐、政坛风云乃至什么油盐酱醋柴米，都付之爪哇国去，剩在齿颊间心胸里的只是清幽淡雅的禅意。此时若更配以上佳的茶灶茶具，置身于静室幽篁之中，则更不沾半点浊俗之气。故明人张岱《陶庵梦忆》卷三云雪兰茶须禊泉水、敞口瓶，方能“色如竹箨方解，绿粉初匀”，如百茎素叶同雪涛并泻，而闵汶水茶更须千里惠泉，于明窗净几间取荆溪壶成宣窑瓷瓯，“方成绝妙”。而《遵生八笺》亦云茶寮应傍书斋，焚香饼，方可供“长日清谈，寒宵兀坐”，这自是深得三昧语。如此既清且闲的饮茶，又岂止在于“解荤腥，涤齿颊”，直在茶中品出禅味来也！所以知堂老人《吃茶》说得最妙：“喝茶当于瓦屋纸窗下，清泉绿茶，用素雅的陶瓷茶具，同二三人共饮，得半日之闲，可抵十年尘梦。”这便是文人吃茶。反之，若粗茶大碗，喧喧闹闹，一阵鲸吸长虹，牛饮三江，便不入清品，更不消说有什么茶禅之趣，借妙玉的话说，这不是“解渴”，怕便是“饮驴”了。

二、和尚家风

《五灯会元》卷九资福如宝禅师条下载：“问：如何是和尚家风？师曰：饭后三碗茶。”

饭后饮茶，依清人《饭有十二合说》，自是“解荤腥，涤齿颊，以通利肠胃”的良方。只是记得《红楼梦》第三回“托内兄如海荐西宾，接外孙贾母惜孤女”中说到黛玉到得贾府，“饭毕，各有丫环用小茶盘捧上茶来。当日林如海教女以惜福养身，云饭后务待饭粒咽尽，过一时再吃茶，方不伤脾胃……接了茶，早见人又捧过漱盂来，黛玉照样也漱了口。盥手毕，又捧上茶来，这方是吃的茶。”不由得暗暗替和尚担了一份心思：这和尚饭毕便三碗茶，会不会“伤了脾胃”？想来和尚的碗，不是那成窑宣窑里小巧玲珑的盅子，不是文人用的上盖下托的盖碗，也不是妙玉斟茶酬宝黛二人的什么“点犀𮦀”“𤆶爮斝”，只怕是粗憨的大海碗；和尚的茶，也不是那春露煎就的清明茶，也不是妙玉以冬雪泡就的老君眉，也不是《儒林外史》里林慎卿们用雨水煨的六安毛尖，只怕是比红毛法兰西绿茶还要厉害的老边梗子茶。那三碗茶下肚，景阳冈是能过，僧寮里吃的那三碗青菜两碗米饭，怕就灰飞烟灭无影无踪了，若连肠里隔年储下的陈板老油也洗下个三两二两去，茶毕静坐，肚中翻起波澜，腹间奏起鼓乐，一片翻江倒海，四周金花乱迸，不知又如何定下心来打禅！一日读清人笔记《两般秋雨盦随笔》卷六，云和尚之言有“但愿鹅生四脚，鳖着两裙”，有“狗肉锅中还未烂，伽蓝更取一尊来”，有“混沌乾坤一壳包，也无皮骨也无毛，老僧带尔西天去，免在人间受一刀”，心下恍然有悟，原来和尚早有“酒肉穿肠过，佛祖心中坐”之传统，如此鹅蹼、鳖裙、狗肉、鸡蛋一通大嚼，岂不似鲁提辖山下归来？三碗茶下去，自是心清神定，正好坐禅，静默中细回味腹股间的馥郁浓香，齿颊间的茶叶清香，好不快活如涅槃上了极乐世界？后又阅仰山慧寂禅师语录，有偈语云：“滔滔不持戒，兀兀不坐禅，酽茶两三碗，意在镬头边。”方才彻底醒悟，原来“和尚家风”，并不持戒，又不坐禅，如此，又何惧什么三碗两盏酽茶！

三、赵州吃茶去

一人新到赵州禅院，赵州从谂问：“曾到此间么？”答：“曾到。”师曰：“吃茶去！”又问一僧，答曰：“不曾到。”师又曰：“吃茶去！”后院主问：“为什么曾到也云‘吃茶去’，不曾到也云‘吃茶去’？”师唤院主，院主应诺，师仍曰：“吃茶去！”

唤人“吃茶去”，古今大德猜议纷纷，只云玄机深奥，无迹可求，故后世禅师多照猫画虎，依葫芦刻瓢，像杨歧方会，一而云“更不再勘，且坐吃茶”，再而云“败将不斩，且坐吃茶”，三而云“拄杖不在，且坐吃茶”，全不顾赵州“吃茶去”本义，直是狗尾续貂，佛头着粪。今来妄解一番，也不知是得大意，还是画蛇添足，若是郢书燕说，也不枉揣摩一番的苦心。赵州吊诡，古今一词，偏偏此三字内更不曾捉迷藏，打哑谜，“吃茶去”便是“去吃茶”，并无多深意在，既不像清人抬起茶碗暗示送客，亦不像今人倒下茶来便是待客。

禅家讲三个字，唤作“平常心”。何谓“平常心”？即淡泊自然，困来即眠，饥来即食，不必百般须索，亦不必千番计较；禅家又讲两个字，唤作“自悟”，何谓“自悟”，即不假外力，不落理路，全凭自家感悟，忽地心华开发，打通一片新天地。唯是平常心，方能得清净心境，唯是有清净心境，方可自悟禅机，曾来此间与未来此间又有什么分别？偏偏要说“是”道“非”，岂不落了言筌理窟？有问必答，答必所问，如猎犬嗅味而至，钟磬应击而响，全不是自家的平常心，也不是自家的悟性，却像是被人牵着鼻子套上缰。若是这般迷执汉，自家心觅不见，自家事不知做，不唤你去吃茶又唤你去做什么？一碗清茶又不是饱肚之食，又不是泻腹之药，亦无人给你斟，须自家拿碗，自家倒茶，自家张嘴，清且苦，苦且清，若在吃茶中体味出淡泊自然、自心是佛之意，岂不远胜于回头转脑四处投师东问西问？故赵州云："吃茶去！"黄龙慧南《赵州吃茶》说得好：

相逢相问知来历，不拣亲疏便与茶。
翻忆憧憧往来者，忙忙谁辨满瓯花。

既问来历，为何又不拣亲疏？既不拣亲疏，又何必问来历？答得出者，免去生死往来轮转周流，答不出者，且去一边坐下吃茶！

赵州吃茶记

王雷泉

一、庭前柏子待何人

来参真际观音院，何幸国师塔尚存。

寂寂禅风千载后，庭前柏子待何人？

以上一诗，为净慧法师住持赵县柏林寺的感怀之作。柏林寺在唐代名观音院，从谂禅师长期行脚参学后，于八十岁左右定居于此，任方丈达四十年，人称“赵州古佛”，寂后赠“真际大师”。赵州对前来求道者，不管是曾到还是新来，皆请人“吃茶去”。“赵州茶”“云门饼”“德州棒”“临济喝”，自唐代起就风靡丛林，几成为中国禅宗的象征。净慧法师一九八八年以《法音》主编身份出任河北省佛教协会会长，即以一家《禅》刊、二座祖庭（临济寺与柏林寺）为中心，建构河北教团。一九九三年七月二十至二十六日在柏林寺举办了以大专青年为主体的“生活禅夏令营”，可说是中国大陆佛教界一次真正面向社会的主体性活动。如此殊胜机缘，岂可当面错过？我素不喜应酬，这次放下手中一应杂事，带着选修我的“佛教哲学”课的四位复旦同学，去领略“赵州茶”究竟是什么滋味。

与赵州同时代的雪峰义存禅师住锡南方，有学生问：“如何是古潭寒泉？”雪峰答：“即使你瞪目而视，也看不到底。”“那饮水的人怎么办呢？”“他不用嘴饮。”赵州得知这段对话后笑说：“既然他不用嘴饮，也许用鼻饮吧。”人问：“那你说如何是古潭寒泉？”“味道很苦。”再问：“饮水人又如何？”赵州回答：“死活。”据说雪峰听至这话，大为赞许：“真是古佛！”看来，这“赵州茶”不是那么好喝的，“不经一番寒彻骨，哪得梅花扑鼻香？”直须以超绝尘世的智慧烹煎寒泉，冲泡成慈悲济世的热茶，重新面对这纷纭复杂的大千世界，亦即禅家所谓“大死一番，再活现成”。

道不远人，触目即是。故当僧问赵州：“如何是祖师西来意？”赵州指着柏树说：“庭前柏树子。”柏林寺遂以此名世，现占地四十余亩，主建筑目前仅新建的“普光明殿”和“文革”后硕果仅存的赵州禅师塔。殿前是一笔直的大道，两侧宣传廊工笔书写着禅林故事、生活禅宗旨和佛教流通书目，呈现出一派浓郁的文化氛围。

我没有看到庭前柏树子，却看到柏树中系着一块块名牌，亦有当地党政官员的名字。这里是常住规划的柏树林区，供信徒和各界人士栽种，每株付费三十元，位置之前后隐显皆由抽签决定，以示众生平等。在商业行为已侵蚀到寺庙中的今天，这一极高明而道中庸的举措使我大为感动，当即表示也要在此栽上一株柏树，长伴随这里的清风明月。

二、东门、西门、南门、北门

夏令营开营式同时又是河北禅学研究所成立典礼，国务院宗教事务局派员到会祝贺，石家庄市、赵县及井陉县、正定县各级政府部门的官员济济一堂。中国佛教文化研究所吴立民所长受赵朴初会长委托宣读贺词，并与河北省宗教局局长一齐为河北禅学研究所揭碑。主持者让我代表学者致辞，我说就提起个疑情向大家请教吧："在我们的社会生活中，有一个使用频率很高的词，叫作'宗教问题'。宗教不应该是问题，它是解决我们人生问题的，当宗教自身成为问题时，也就意味着我们的人生、我们的社会、我们的文化出现了问题。有了问题就需要我们在宗教界、政府部门和文化学术界之间进行沟通和协调。这次夏令营就为解决这些问题迈出了具有历史意义的一步。"

有僧问："如何是赵州？"意为赵州禅师的禅风如何，赵州答以"东门、西门、南门、北门"。条条大路通罗马，求道的大门向四方人士敞开着。禅的满园春色不仅仅属于佛教徒，它通过《禅》刊的媒介，从佛教的信仰层圈出发，扩散到社会和文化层圈，又从社会和文化层圈向信仰层圈凝聚。

于是，当专门培养出家僧侣的佛学院教育遇到窒碍，以至赵朴初会长在“全国汉语系佛教教育工作座谈会”上大声疾呼“第一是人才，第二是人才，第三还是人才”时，许多并非佛教徒的大中学师生，甚至包括博士生和硕士生在内的人才，却自掏草鞋钱，从天南地北聚集到一起来了。

“判教”是中国佛教独特的智慧，把一切表面上看来对立矛盾的思想和现象总持到一个圆融有序的整体，其奥妙端在“去执”。从此处看山穷水尽，换一个角度也许峰回路转。

赵州四门通十方，它以大海一样的胸怀接纳着十方海众。不管你信不信佛教，既然进了寺庙，就必须按佛门的规矩，领略一下丛林的生活。清晨四点半打板起床，五点早课，近二百人上殿，显得有点拥挤，绕佛是在殿外进行的。《生活禅夏令营手册》规定：列队有先后次序，出家人在前，在家人在后，男在前，女在后，居士中穿缦衣海青的在前，俗装在后。在几个关键处有小沙弥引礼，虽然大多数营员从未经历过丛林生活，也未经过任何操练，一个个双手合十，口诵圣号，居然中规中矩。黄底绿字的夏令营旗，在绕佛的人群上空猎猎作响，与千年赵州塔交相辉映。

早午两斋“过堂”，穿着统一营服的营员们行礼如仪，虽吃着青菜淡饭，须心存五观，时时想着众生的恩情大如须弥山。晚间若无讲座和讨论，则在禅堂打坐。望着坐在禅床上许多和我一样忙着搬动双腿的营员，不禁自嘲起来，连腿子都控制不了，又如何控制自己的心灵，还奢谈什么佛法？至多是在世智辨聪上讨活计罢了。但从他们一本正经的肃穆表情上，又安知日后不会出现几位参透庭前柏子内蕴消息的龙象？

三、会贤堂里“吃茶去”

会贤堂是一个简易大棚子，电力不足，电扇无力地旋转着，电灯发出昏黄的光。而经理性提纯的佛教精神，有如清凉的泉水，熄灭着尘世的热恼；如智慧的火炬，照亮着无明的人心。短短一个星期中，它成了夏令营的学术文化中心。夏令营在这里安排了九次密集型佛学讲座，二次“普茶”实际上是二次大型佛学讨论会，加上营员向各位主讲法师、居士的请益，以及导师净慧法师在禅堂、斋堂、参拜临济祖庭、苍岩山一日游等各种场合所做的开示，相当于学校里大半个学期的教学量。

讲座由吴立民先生拉开序幕，他曾在柏林寺讲过《药师经》，将重点放在人类“生”的一面，这次以“生活禅”为题，拈出“食、识、时”三字，阐发了“在生活中了生死，在了生死中生活”的关系。第二场由闽南佛学院教师湛如法师讲《禅宗的理论与实践》，他原来准备了天台止观的题目，因营员反映不能接受过分专门的课题，他连夜改写了讲稿。第三场是请前来观礼的美国佛教正信会证圣法师讲演，他在俗时是从事艺术工作的，谈吐极富魅力，他坦陈了从基督教徒转向佛教的心路历程，引起听众的强烈兴趣。闽南佛学院济群法师讲的是《生命的痛苦与解脱》，在我们看来很枯燥的题目，经他用诙谐的语调娓娓道来，非常具有感染力。接下来两场是留学斯里兰卡的净因和学愚法师讲的《南传佛教及对汉地佛教的启示》和《妇女与佛教》。

第七场是中央党校于晓非先生的即席演讲，因他中途从五台山赶来，故临时在晚间加了一场。针对教内一些人士宣扬佛教必须适应社会、佛教是一种文化，有些学院派出身的学者倒是大声疾呼要高扬宗教的主体性格。

这时，湖上静悄悄的，弥漫着淡淡的晨雾，远处的山峦约略有点影子。那茶碧绿绿的，如同春雨后山中的树色，渐渐地只觉得这茶清而不醇，甘而不冽，口颊生香，芬芳隽永。茶吃了半晌，心底里很是快然，起座离去的时候，不知怎么一来，记起了苏东坡的诗——“对作小诗君莫笑，从来佳茗似佳人。”

茶是新茶好，茶馆是老茶馆妙。十多年前，我坐在花山脚下的老茶馆里喝茶，八仙桌东倒西歪，白瓷茶壶被风尘与茶渍熏陶得像一把紫砂壶了。茶壶盖缺了一角，热蒸汽大摇大摆地“泼”面而来。是“泼”，不是“扑”。“泼”保存了我当初所受到的湿度。茶壶嘴上的茶渍，更是树荫蔽天。

正义路原先有一家很大的茶馆，楼上楼下，有几十张桌子。都是荸荠紫漆的八仙桌，很鲜亮。因为在热闹地区，坐客常满，人声嘈杂。所有的柱子上都贴着一张很醒目的字条：“莫谈国事”。

享受这些东西与欣赏月亮、白雪以及花草一样，必须要有相当的友伴，因为这一点我是觉得便是中国的生活艺术家们往往所最坚持的。某种花必须与某种人共赏，某种风景又必须与某种女人共览，雨声如果要欣赏的话，也必须在夏日躺在深山寺院里的竹榻上欣赏；总之，最注重的便是情调，每种东西都各有其适当的情调的，而不适调的友伴则会把那种情调完全破坏。

所以，在于先生强调“佛教就是佛教”之后，我在最后一天演讲《中国佛教的过去、现在和未来》时，对此从理论和历史上作了展开。第九场是净慧法师的总结性演讲，针对讲者和听众中的一些问题，就大乘与小乘、宗门与教下、渐修与顿悟等问题作了开示。

二十三日和二十四日晚上，有两次热烈的讨论会。为突出丛林生活的气氛，会贤堂外高悬着“普茶”牌，由营员提着茶壶行堂，给大家冲泡上好的云居山云雾茶。原来只安排一次茶话会，因大家发言踊跃，欲罢不能，掌握会场的总干事明海师机断处置，宣布第二天继续请大家“吃茶”。明海师毕业于北京大学哲学系，在柏林寺还有好几位大学毕业的出家人。年轻人的心总是相通的，讨论会的气氛是真诚感人的，一位大学生说在这里受到了“一次精神的洗礼”。躁动不安的滚滚红尘，需要有“精神公园”来平衡精神生态，使处于热恼人生中的俗人能在这里享受到清凉和安详。“闹市”变成了“公园”，大家都没有饭吃；清净的“公园”变成了“闹市”，那就从根本上取消了宗教存在的意义。在恢复宗教活动十余年之后的今天，人们已不满足于求神拜佛和旅游观光层次上的佛教了，期盼着经过理性提纯的真正宗教精神的复归。净慧法师颇为感慨：“社会对我们提出了这么高的要求，我们准备好了没有啊？”

四、万法归一，一归何所

有僧问：“万法归一，一归何所？”赵州禅师答：“我在青州作一领布衫，重七斤。”这段脍炙人口的名言，不仅回答了超越与内在、绝对与相对的辩证关系，也成为东西方宗教和哲学分野的标志。

证圣法师演讲时，没有正面回答佛教与基督教孰为优劣的提问。“普茶”时，有人又要请净慧法师来解答这个问题。国内宗教界有个默契，不评论诸教间的优劣高低，所以他把球踢到了我这个教外学者身上。我说无论东西古今，人们都想在有限中达到无限、相对中达到绝对，使心灵得到安顿。西方宗教向外探索，把万法归结到上帝；而佛教则向内探索，把这绝对的“一”复归到人心。万法缘起，不存在创造并主宰世界的上帝；人人皆有佛性，一切众生皆可成佛，光这两点，就使佛教迥异于一切其他宗教。不过，在与一些大学教师的讨论中，我们都感到佛教现在需要的倒是学习其他宗教的长处。

中国佛学的特点之一就是判教开宗，体现了一种纵观俯瞰全部佛法的高度智慧和中华民族的文化自信。判教就是确定自己所信奉或所研究的佛教在中国文化和人类精神中的位置，然后才能知道自己应该做些什么。衡量一个宗教的标准，应有信仰素质、组织规模和文化品位三大指标。佛教在义理和文化品位上远远高于其他宗教，在信仰素质上尚有待提高，在组织规模上则远不如其他宗教。随着封建社会的解体，儒教已从政教合一的国教地位退出，恢复了儒学的人文主义思想体系原貌，佛教在原儒道佛三教关系中的屈辱地位已不复存在。如果说历史上的中国佛教是印度宗教和中国宗教两大河系汇流的产物，那么今天的佛教则是全方位地面临着世界三大宗教河系冲撞融汇的问题。佛教现代化的一个重要方面是组织现代化，如何使一盘散沙的教团凝聚起来。体现“赵州四门”精神的夏令营形式，应该说是一个有益的尝试。

毕业于内蒙古一所大学中文系的明证师教唱禅曲，唱得最多的是无门禅师作的《赵州无门关》：“春有百花秋有月，夏有凉风冬有雪。若无闲事挂心头，便是人间好时节。”平时，营员们分五组“出坡”，各司斋堂清洗、送开水、搬桌椅、锄草扫地等事务。第一组在整个夏令营期间担任厨房及行堂工作，比其他各组都来得辛苦。一位上海来的大学生说，他在这几天洗的碗超过了他一生中所洗的所有东西。他说千里迢迢到赵州祖庭是来寻道的，所以初时对洗碗很是抱怨。现在他发现，道就在“洗钵盂”的日常生活中。正如净慧法师在《生活禅开题》所写的：“如果我们从生活中找回禅的精神（其实它从来没有离开过生活），让生活与禅打成一片、融为一体，我们的生活便如诗如画，恬适安详了。”

赵州未悟道前，问他的老师南泉普愿：“什么是道？”南泉回答：“平常心是道。”道不在天边，它就在我们每个人的心中，体现在庭前柏树子和赵州城东南西北四门中，体现在“吃茶”和“洗钵盂”的日常生活中。明乎此，无论是清洌的古潭寒泉，还是浑浊的黄浦江水，都可用来冲泡“赵州茶”。有赵朴初居士诗为证：

平生用不尽，拂子时时竖。

万语与千言，不外吃茶去。

喝茶去

王尧

喝茶的地方多了，真的多了。这大街小巷，如果没有肆无忌惮的各类汽车、摩托车、助动车之类的，你嗅嗅鼻子，茶香就断断续续飘过来了。空气太污浊，人的眼睛愈来愈模糊。有时看到用自来水管冲洗汽车，竟想，这城里人都得冲一冲。喝茶，就是冲洗。

茶，是一种情绪一种滋味。可涩，可青，可香，当然也少不了酸甜苦辣，个中滋味只有茶客自己品评了。这有点类似于酒。但酒太烈太膨胀；茶呢，柔而内向。我想，喝茶与喝酒代表了两种不同的文人传统。酒是“浪漫主义”，茶是“古典主义”。酒是释放，茶是内敛。酒是诗，茶是散文。酒是李白，茶是张岱。酒是瀑布，茶是小溪。茶能当酒是雅量，酒能当茶是海量，茶可解酒而酒不可解茶。有壶中日月说，细看，茶壶中是月酒壶中是日。日日月月，酒楼空了茶楼空了。茶凉了，人走了。人来了，茶热了。独自喝茶是私语，与朋友喝茶是合唱。喝茶可以什么都谈，谈国是甚至谈生意。当然最好什么都不谈。想独自喝茶便是不想说什么话，与朋友喝茶说什么都有些多余了。喝茶是一种语言，是语言中的语言。大凡性情中人，围坐在一起便心领神会。有了茶，还愁什么呢？

现在的人尤其是文化人喜欢怀旧。商业、技术、市场什么的挤压得人连喝茶的工夫都没有了，喝茶成了退隐成了保护成了文化也成了散文时代中的诗。我喝茶时想，怀旧是什么？是关了自来水龙头去打井水，再用沸了的井水泡茶。人，是心的井，茶壶呢？是心井中打水的桶，喝茶也就是在喝自己。

古色古香的茶楼充满诱惑。坐在古色古香的桌旁，古色古香的小姐递来古色古香的茶谱，捧着古色古香的茶壶仿佛有了古色古香的心。忽然，一天醒悟过来，我们还是上了“商业主义”的当。这不也是一种包装？

这样想来又生疑云：茶壶里倒出来的是茶吗？

竹叶茶

李汉荣

夏天，母亲采回青嫩的竹叶，放在开水里煎一小会儿，就成了一锅清香、碧绿的竹叶茶。

母亲说，有病治病，无病防病，喝了这竹叶茶，再注意一点儿卫生，病就不会找你的麻烦。

母亲说，竹子是虚心的植物，喝了这竹叶茶，竹子的心性就进入了你的身体。学那竹子吧，虚心才长得高，虚心才通地气达天理，虚心，才会发出悠扬的箫声和清越的笛声。

母亲说，竹子是正直的植物，根深深扎在地下，主干垂直地向天空攀援。大地有引力，天空也有引力，只服从大地的引力就长成了苔藓和杂草，既服从大地的引力又应和天空的引力，才长成这刚正伟岸的竹子。

母亲说，竹子是耐心的植物，它的路很陡，它走得很累，走几步就歇一会儿，就打一个记号，你看那些竹节，都是竹子在远行的路上打下的记号。

其实母亲没有说这么多话。母亲煎好了竹叶茶，只说了一句：孩子们，喝碗竹叶茶吧，可好喝呢。

母亲的话淡淡的，就像那淡淡的竹叶茶。

但是我总觉得母亲是有很多话要说的，她把很多话都溶进竹叶茶里了。

或者母亲根本就没有话可说。她觉得生活是淡淡的，竹叶茶是淡淡的，人活着本身就是一件淡淡的事情。

或者母亲确实有话要说，只是找不到适当的语言，在淡淡的竹叶茶之外，在淡淡的生活里，母亲，一定还有一些浓浓的心事。

前面那几段话，是我为母亲拟的，也许是我希望听到的。孩提时代，人总是希望听到温暖的话，有趣的话，有益的话，聪明的孩子，还希望听到有诗意、有哲理的话。

前面那几段话，就是我为母亲拟的充满文化味儿的话。潜意识中，我是否希望我的母亲是一个饱读诗书的“贵夫人”？

但是我的母亲没有那么多的文化，也没有告诉我们什么哲理。

我的母亲只会在夏天来临的时候，默默地、安详地为我们煎一锅竹叶茶，然后淡淡地说：孩子们，喝碗竹叶茶吧，可好喝呢。

前面那几段话，不像是我母亲说的，也不是我母亲说的。那是只要识字的人谁都可以在书本里抄录到的现成话。

又一个酷热的夏天来了。

我多么渴望回到故乡，回到母亲的身边，回到清风飒飒的竹林，捧起一碗清香的竹叶茶。

我多么渴望听到母亲那句淡淡的话：

孩子们，喝竹叶茶吧，可好喝呢。

文夫与茶

李国文

烟，酒，茶，人生三趣，陆文夫全有了。

那一年，到宜兴，时值新茶上市，我们便到茶场去品茗。

时值仲春，茶事已进入盛期，车载着我们，穿过散布在坡间谷地的茶园，江南三月，草长莺飞，早已是一片郁郁葱葱，不免有些季节不饶人的遗憾，想喝上好的雨前或明前的新茶，应该说是来晚了一点。

虽然茶场例行的规矩，要沏出新茶招待，但此时节多用大路货来支应造访者。因为当地友人关照过的缘故，对我们破了例，那一盏凝碧，该是这个茶场里今春的上品了，饮来果然不错。

于是想起唐代卢仝的诗：“天子未尝阳羡茶，百草不敢先开花。”

看来，言之有理。古阳羡，即今宜兴。此地的茶，自古以来享有盛名。

在座的其他同行，喝了，也就喝了，说猪八戒吃人参果，全不知滋味，未免糟蹋诸公。但值不值得花费如许价钱，来买这种据称是上品的茶，却不大有把握。值否？不值？几个人都把眼睛瞅着文夫，看他如何说？如何办？

因为，他家住苏州，近一点的，有太湖的碧螺春，远一点的，有西湖的龙井，应该说，不会舍近求远，但他呷了几口阳羡茶以后，当时就放下钱，要了三斤新茶。或者还可能多一些，事隔多年，我记不得了，要不然不会留下这个印象。反正，他买了很多，令人侧目。因为茶叶不耐储存，当年是宝，隔年为草。文夫认定可以，于是，别人也就或多或少地买了起来。

从那次阳羡沽茶，我晓得他与我同道，好茶。

然后，转而到一家紫砂厂买茶壶，这是到宜兴的人不可缺少的一项节目。但壶之高下，有天壤之别，好者，爱不释手，但价码烫手；孬者，粗俗不堪，白给也不想要。挑来挑去，各人也就选了一两件差强人意、在造型上说得过去的小手壶，留作纪念。文夫却拎了一具粗拙可爱、古朴敦实的大紫砂壶，我不禁笑了，这不就是儿时所见村旁地头边，豆棚瓜架下的农家用物吗？他很为自己的这种选择而怡然自得。

有人喝茶，十分注重茶外的情调，所谓功夫在诗外是也。我属于现实主义者，容易直奔主题，这也是至今难以奉陪新进的落伍原因。只是看重茶在口中的滋味，至于水，至于器皿，至于其他繁文缛节，雅则雅矣，但我本不雅，何必装雅，所以，就一概略去。因此，日本人来表演茶道，我敬佩，从不热衷。

看文夫这只茶壶，我也很欣欣然，至少在饮茶的方式上，我晓得他与我观念趋同。

那年在宜兴，我记得，他既抽烟，又吃酒，还饮茶，样样都来得的。近两年，他到北京，我发现，他烟似乎压根儿不抽了，酒大概吃得很少了，只有饮茶如故。

我问他：如何？

他答曰：还行！

一个人，该有的，都曾经有过，当然，是幸福。或者，有过，后来又放弃了，那也没有什么；或者，压根儿就付之阙如，又怎么样呢，那也未必不是幸福。不仅仅是烟酒茶，一切一切的物质，和一切一切能起到物质作用的精神，都可以算在内。有或没有，得或不得，想开了，求一个自然，然后得大自在，最好。

无妨说，自然而然而自在，这就是我认识的陆文夫。

他原来，烟曾经抽得凶，甚至电脑照打，酒曾经吃得凶，而且醉态可掬。不过，现在，烟和酒，从他个人的生活场景中，渐渐淡出。守自己的方针，写自己的东西，一台电脑一杯茶；或索性什么也不写，品茶听门前流水，举盏看窗外浮云。诚如王蒙所言，写是一种快乐，不写也是一种快乐，自在而自由，何乐不为？

到了我们这样年纪的一群人，只剩下茶，是最后一个知己。

好多人终于把烟戒了，把酒戒了，从来没听说谁戒茶的。看来，能够全程陪同到底的乐趣，数来数去，唯有茶。茶之能成最后的朋友，是由于它不近不远，不浓不淡，不即不离，不亲不疏。如果人之于人，也是这样的话，那友情，说不定倒更长久些。君子之交淡若水，所以说，茶者，君子也。

文夫，从我认识他那天起，就总保持着这种淡淡的君子风度。

试想一想茶，你对它无动于衷的时候，如此；你对它情有独钟的时候，仍如此。色，淡淡的，香，浅浅的，味，涩涩的，不特别亲热，也不格外疏远，感情从不会太过强烈，但余韵却可能延续很长很长。如果，懂得了茶的性格，也就了解文夫一半。

我这样看的。

记得有一年到苏州，文夫照例陪我去看那些他认为值得我看的地方。

我这个人是属于那种点到为止的游客，没有什么太振作的趣味，实在使东道主很败兴的。但我却愿意在走累了的时候，找一个喝茶的地方，坐下来，这才是极惬意的赏心乐事。与其被导游领着，像一群傻羊似的鱼贯而入，像一群呆鸟似的立聆讲解，像一群托儿所娃娃仿佛得到大满足似的雀跃而去，这样游法，任凭是瑶琳仙境，也索然无味。我记不得那是苏州的一处什么名胜，他见我懒得拾级而上，便倡议在山脚下找个地方喝茶。

找来找去，只有很普通的一个茶摊，坐在摇晃的板凳上，端着不甚干净的大碗，喝着混浊粗粝的茶汤，也算是小憩一番。但这绝不是一个喝茶的环境，一边是大排档的锅碗瓢盆，小商贩的放肆叫卖，一边是过往行人的拥挤堵塞，手扶拖拉机的招摇过市，往山上走的善男信女，无不香烛纸马，一脸虔诚，下山来的时髦青年，悉皆勾肩搭背，燕燕莺莺。说实在的，这一切均令我头大，但我很佩服文夫那份平常心，坦然、泰然、怡然地面对这一派市声与尘嚣。

在茶水升腾起来的氤氲里，我发现他似乎更关注天空里那白云苍狗的变幻，这种通脱于物外的悟解，更多可以在他的作品中看到，茶境中的无躁，是时下那班猬急文人的一颗按捺不住的心所不能体味的。此刻，夕阳西下，晚风徐来，捧着手中的茶，茶虽粗，却有野香，水不佳，但系山泉。顿时间，我也把眼前的纷扰、混乱、喧嚣、嘈杂的一切，置之脑后，在归林的鸦噪声中，竟生出“天凉好个秋”的快感。

茶这个东西，使人清心，沉静，安详，通悟。如果细细品味这八个字，似乎可以把握一点文夫的性格。

所以，我以为，饮茶时的文夫，更像江南秀士一些。

茶味人生

周时奋

清苦的生活，不可能有洁癖，清高的人格，不可能有俗好。

汪士慎说："平生不嗜酒。"但是他有一癖，即嗜茶如命。正是这一贯穿了他一生的嗜好，也成为他的一怪。

汪士慎是徽州人，徽州是黄山脚下的一座古城。黄山的云雾名茶，培育了他从小对茶的嗜好。他一生足迹所及的江浙，也都是遍地茶乡。他太爱好饮茶了，这种略带苦味的饮料，能啜酌出苦后的甘味来，这不但是一种口味，而且是一种象征。茶与中国文人的生活观实在是太合拍合度了。汪士慎嗜茶，他感到这是他最称心的饮料。

他品过许多茶。除了他家乡的黄山茶外，他还品过武夷茶、郑宅茶、龙井茶、桑茶、松萝茶、霍山茶、顾渚茶、阳羡茶、云台茶、小白华茶、雁山茶、天日茶、泾县茶、庙后茶、普洱茶、宁都茶，据他自述，他喝过的茶不下数十种。每一种茶，他都能品出特殊的味道。他能喝出武夷山宋树茶叶的苦、涩、甘三味，也能喝出在晨露未干时采摘的小白华茶特有的清香。他喝得出雨前的霍山茶不同于江南茶的殊味，他认为这应当属于北茶的口味。他也能分辨出煎出来的桑茶和雁山茶几乎类同的色泽中细小的差异，他认为前者偏于鹅黄，而后者则呈碧绿。他欣赏形如雀舌的泾县茶的细腻，也称赞过宁都云蕊的“青春活色团云脚”。朋友们知道他嗜茶，也总是送他一些各地的茶叶，喝多了，他闭着眼睛就能说出喝的是什么地方的茶，甚至是什么时候采摘的。金农尤其钦佩他的茶痴茶识，称他为“诗人今日称茶仙”，于是，他的“茶仙”雅号就这样叫开了。

他确实称得上茶癖茶仙。他用来煮茶的水只取三种。一是山泉，他得意于自己“试茗煎山泉，关门避时俗”，扬州的平山泉是他煎茶的上选。二是雪水，雪水从天而降，冰清玉洁，他以此为圣洁之物，他专收落在花枝上的雪水，小心地沥入瓮中供一年备用，也与朋友互相馈赠，以为上礼。他的邻人焦五斗有一次送他一些雪水煎茗，使他特别地高兴，他作诗吟咏道：“舍南素友心情美，惠我仙人剪花水。”对雪水给予了极高的评价。三是花须水，他细心地收集清晨花瓣上的露珠，使它们顺着花须流淌下来，滴入瓶中。他曾作诗描述过自己收集花须水的情形：“诘晓入深坞，露气零衣襦。高擎白玉盏，滴滴垂花须。”

汪士慎不喝泡茶，而是用专门的茶具煎茶。煎茶又称烹茶或煮茶，高翔曾经为他画过一幅《煎茶图》，大体能够看到士慎煎茶的讲究。案几上放着雪瓮，茶具他必选素瓷，洁白的茶具方能品出茶水那浅碧的色泽和浮动的茶花。小茶炉的火候要恰到好处，因此他煎茶用的柴很有讲究，煎茶必得用松子，他也自得于“自烧松子自煎茶，碗面清浮瑟瑟花”。对于火候的掌握是他煎茶的一大诀窍，“松声蟹眼火候良，灵划之性乃无舛”。在茶汁沸腾的细细响声里，在那茶液开始微沸，冒出蟹眼大小水泡的时候，他是多么的欢乐，“屋边古树消残雪，墙根茶铛响细泉”，他在细细的茶响里仿佛听到了美妙的宫商之音。当然，听茶也要有心境姿势，“粉杏红桃懒去看，煮茶声里独凭栏”。画家就这样品着茶，画着他的梅花，“饮时得意写梅花，茶香墨香清可夸”，他仿佛感到那袅袅的茶烟是绕梅的云霞，自己就是那紫霞中的野老山人，一个复归自然的自由之人。茶使他的胸襟倏然旷达，千万愁绪抛之天外，是啊，“一瓯苦茗饮复饮，湔涤六腑皆空明”。

煎茶饮茶是汪士慎的一种特殊的生态，也是他人格的象征，因而在高翔的那幅《煎茶图》上，许多人都题过诗文，他们感到这正是士慎人生浓缩了的印象。厉鹗的诗写得最概括，道出了这位从山村来到扬州都市的盲画家一生的风貌品格：先生爱梅兼爱客，啜茶日日写梅花。要将胸中清苦味，吐作纸上冰霜桠。我们已经无从知道盲画家生命的最后时刻是怎样度过的。我们只知道他于一七五九年也即是清乾隆二十四年正月去世，享年七十四岁。

他的儿女亲家陈章说评他是：“好梅而人清，嗜茶而诗苦。”

他的挚友高翔说他是：“人与梅花一样清。”

醉茶醉情醉山水

喝茶

周作人

前回徐志摩先生在平民中学讲“吃茶”——并不是胡适之先生所说的“吃讲茶”——我没有工夫去听，又可惜没有见到他精心结构的讲稿，但我推想他是在讲日本的“茶道”（英文译作Teaism），而且一定说的很好。茶道的意思，用平凡的话来说，可以称作“忙里偷闲，苦中作乐”，在不完全的现世享乐一点美与和谐，在刹那间体会永久，是日本之“象征的文化”里的一种代表艺术。关于这一件事，徐先生一定已有透彻巧妙的解说，不必再来多嘴，我现在所想说的，只是我个人的很平常的喝茶观罢了。

喝茶以绿茶为正宗。红茶已经没有什么意味，何况又加糖——与牛奶？葛辛的《草堂随笔》确是很有趣味的书，但冬之卷里说及饮茶，以为英国家庭里下午的红茶与黄油面包是一日中最大的乐事，支那饮茶已历千百年，未必能领略此种乐趣与实益的万分之一，则我殊不以为然。红茶带“土斯”未始不可吃，但这只是当饭，在肚饥时食之而已。我的所谓喝茶，却是在喝清茶，在赏鉴其色与香与味，意未必在止渴，自然更不在果腹了。中国古昔曾吃过煎茶及抹茶，现在所用的都是泡茶，冈仓觉三在《茶之书》(1919)里很巧妙的称之曰“自然主义的茶”，所以我们所重的即在这自然之妙味。中国人上茶馆去，左一碗右一碗地喝了半天，好像是刚从沙漠里回来的样子，颇合于我的喝茶的意思（听说闽粤有所谓吃功夫茶者自然也有道理），只可惜近来太是洋场化，失了本意，其结果成为饭馆子之流。只在乡村间还保存一点古风，唯是屋宇器具简陋万分，或者但可称为颇有喝茶之意，而未可许为已得喝茶之道也。

喝茶当于瓦屋纸窗之下，清泉绿茶，用素雅的陶瓷茶具，同二三人共饮，得半日之闲，可抵十年的尘梦。喝茶之后，再去继续修各人的胜业，无论为名为利，都无不可，但偶然的片刻优游乃正亦断不可少，中国喝茶时多吃瓜子，我觉得不很适宜，喝茶时所吃的东西应当是清淡的“茶食”。中国的茶食却变了“满汉饽饽”，其性质与“阿阿兜”相差无几，不是喝茶时所吃的东西了。日本的点心虽是豆米的成品，但那优雅的形色，朴素的味道，很合于茶食的资格，如各色的“羊羹”（据上田恭辅氏考据，说是出于中国唐时的羊肝饼），尤有特殊的风味。江南茶馆中有一种“干丝”。

用豆腐干切成细丝，加姜丝酱油，重汤炖热，上浇麻油，出以供客，其利益为“堂馆”所独有。豆腐干中本有一种“茶干”，今变而为丝，亦颇与茶相宜。在南京时常食此品，据云有某寺方丈所制为最，虽也曾尝试，却已忘记，所记得者乃只是下关的江天阁而已。学生们的习惯，平常“干丝”既出，大抵不即食，等到麻油再加，开水重换之后，始行举箸，最为合适。因为一到即罄，次碗继至，不遑应酬，否则麻油三浇，旋即撤去，怒形于色，未免使客不欢而散，茶意都消了。

吾乡昌安门外有一处地方，名三脚桥（实在并无三脚，乃是三出，因以一桥而跨三汊的河上也），其地有豆腐店曰周德和者，制茶干最有名。寻常的豆腐干方约寸半，厚三分，值钱二文，周德和的价值相同，小而且薄，几及一半，黝黑坚实，如紫檀片。我家距三脚桥有步行两小时的路程，故殊不易得，但能吃到油炸者而已。每天有人挑担设炉镬，沿街叫卖，其词曰：

辣酱辣，
麻油炸，
红酱搽，
辣酱拓，
周德和格五香油炸豆腐干。

其制法如上所述，以竹丝插其末端，每枚值三文。豆腐干大小如周德和，而甚柔软，大约系常品。唯经过这样烹调，虽然不是茶食之一，却也不失为一种好豆食——豆腐的确也是极好的佳妙的食品，可以有种种的变化，唯在西洋不会被领解，正如茶一般。

日本用茶淘饭，名曰“茶渍”，以腌菜及“泽庵”（即福建的黄土萝卜，日本泽庵法师始传此法，盖从中国传去）等为佐，很有清淡而甘香的风味。中国人未尝不这样吃，唯其原因，非由穷困即为节省，殆少有故意往清茶淡饭中寻其固有之味者，此所以为可惜也。

龙井寺品茶

韩少华

北京城大小茶叶店里难得见着龙井，这可是有些日子的事情了。好在我自幼喝茶就杂。凡红、绿、花茶，乌龙茶，沱茶，以至高末儿、老梗儿，都来者不拒。不过，既生在京里，日常解渴倒是离不了京花茶，如“张一元”老茶庄的“香片”之类。有时候亲友们捎些个西湖龙井、武夷肉桂或是洞庭碧螺春，就往往要等来了客，才陪着尝尝。以至于搁得久了，竟味同芦藿了，也是有的。所以听说龙井脱销，倒也没怎么留意。

去年底，有个杭州的读者朋友，不知怎么得

知我祖上原属浙籍，就寄来一筒龙井，附言说是“一级成色”，“暇时无妨品一品”。等我把茶沏上了，斟上了，喝下去了，也没觉出什么了不得的味道来。心想，不是北京水质的过，就是我这个“京籍浙人”口味上早已木得可以了。至于“品一品”么，依然是不甚了了。

记得那年登莫干山，就试过剑溪水沏的阴山乌龙；后来游无锡惠山寺，又尝过“二泉”泡的大叶儿炒青；去年的伏天里，还在车过黔南小镇罗甸的时候，蒙主人好意，给我们一伙子喉咙里冒着烟儿的赶路人，烧了刚从苔岩底下汲来的清泉，沏了一大壶都匀毛尖……可细想这几遭儿跟茶的缘分，要么好茶缺好水，要么名泉陪了俗叶子，要么茶也好、水也好，却干脆就为了个解渴。只是三年前立春之后两天，在西湖龙井寺那回，仿佛才隐约着沾了沾那个“品”字的边儿。

那天，一场春雪过后，又续上了雨丝儿。冒着雨沿湖走去，还没到龙井寺，就渐渐觉出一阵子爽人的气息，挟着涧底崖头的松、柏、乌桕、冬青交融成的满山翠色，都扑着脸儿迎了来。转过山脚，又听得涧水从好一片山茶丛底下经过。拾级而上，才到了青岩环护着的龙井泉边。只见泉水从岩口里涌落，积成一凹清潭，静得跟凝住了似的。潭面上缓缓蒸腾着淡淡的、轻轻的暖烟，让人疑惑那泉脉里真的含着地母怀里头的温存。向潭的深处看去，不但见着了水底的细细的苔痕，还从那一片又一片苔茸静如沉碧的光景里，觉出了潭水的凝重。

这一潭水里，不见鱼。

不知道过了多久，抬头四下里一看，见山间一片青森森的，才猛觉出轻寒袭面，周围也不见个人影儿。想到这么一大片潭光烟景都归我独享了，心上头一时竟感到有些承受不住了似的。

傍着龙井潭，又流连了好一会子，才进了古寺的中庭。仰望正殿五间，隔着明窗也不见里面的庄严法相。佛殿似早已改作茶室了。进了殿门，又不见一个茶客，只得就近拣了个临窗的小桌子落了座。略一回顾，还没等我开口，就从那边窗下灶台旁早迎过一位老阿嫂来。见她含笑捧着个小巧的紫砂秋柿壶，并一只细釉子素白瓷挂里儿的紫砂枇杷盏，都轻轻儿安放在桌面上；放妥帖了，又微微一笑，说了句“难得好兴头，就尝尝梅家坞的吧”，随后转身到灶台那边，忙着自己的事情去了。

一对叫不上名目的小山雀，穿过雨丝，并着膀儿落到殿檐子外厢那棵老冬青上，躲到密密的枝叶间去；依稀见它们一边抖了抖翅子，一边头靠了头，轻音曼调，你言我语起来。这倒让我心头不免生出一点儿憾意：只听得鸟语，却没等上领略花香；这趟西子湖，来得似乎急躁了些……

估摸着壶里的叶子正渐渐舒展着，就浅浅地斟了半盏——见那茶色么，只得袭用前人拈出的“宛若新荷”几个字来形容；也心领了紫陶杯偏挂上一层素白釉子里儿的那番美意。等举着茶盏到唇边，略呷了呷，只觉得淡而且爽，不像铁观音那么浓，那么执重；再呷一呷，又感到润喉而且清腑，不同于祁红那样一落肚就暖了个周到；随后，又细细呷了一呷，这才由心缝儿里渐渐渗出那么一种清淳微妙感觉来——哪怕你是刚从万丈红尘里腾挪出半侧身子，心里头正窝着个打翻了的五味瓶儿，可你一脚跨进此时此地这情境中来，举盏三呷之后，也会觉得换了一挂肚肠似的；什么“涤浊扬清”“回肠荡气”一类话头，早已丢了用场。你或许压根儿也无缘玩味龚定盦“自家料理回肠直”的句子。可你此时会觉得出，在这雪后雨中的龙井寺，任凭这窗下灶上煮滚了的龙井泉泡开了的龙井茶，经三呷而入腹，就把你的百结愁肠给料理得舒活起来——说得直白些，那可是连老妻幼子都不一定抚弄得到的去处呢……哦，记得《说文解字》段氏注里有“三口为品”的意思，既然“三口”之数已足，好歹也算把个“品”字给凑齐整了。何况窗下茶灶头的款款的沸声，檐前绿叶间的绵绵的情话，乃至那一潭的暖烟，满山的寒碧，已在不知不觉之间，悄悄儿地融进手掌心上这小半盏清茶的几许氤氲里来了呢。

茶盏，就这么半空着，我竟不敢也不忍再斟第二盏了；纵然那些品茶品烟的里手们常说，“烟尝头口，茶饮二道”，也只得……

我简直无从知道此后还能不能机缘得再。即便有机会再游这古寺，再品一品这名茶，怕也难以重温今日这番情韵了。固然，这古寺长存，清泉长在，名茶也是长久备于此处的，似乎并不难重聚；可这雪后的微雨，这雨中的轻寒，这轻寒微雨中笼罩着的暖烟冷翠，以及这檐前的娇语同这窗下的炊声所相互溶融而生出的好一片恬静清空，怕是我此生此世绝难再遇到的了——更何况这一切竟是尽由我一个人独占独享的呢！

等我放下茶盏，舍下这半壶的荷色；等我起身离去，也没敢略一回眸；等我出了寺门，迤逦到山路转折处，才回头想再望一望那半山风物的时候——目光却被好一脉幽香挽在了一棵披着雪絮的山茶跟前。就这一瞬间，只见枝头竟绽出些似含羞又似含笑的花骨朵儿来。这就把我在寺里那点所谓“仅得鸟语，未领花香”的遗憾，也给补偿个圆满周详了；也就在这一瞬间，我竟肃然，惶然，悚然，回不转身子，挪不动脚步，只觉得一阵轻轻的战栗掠过了心头……

莫非……莫非这人生所绝难企及的境界，或者叫作人世间的无憾之境，给人留下的原就是因惊悚乃至敬畏而生出的心灵的震颤么？

匆匆回到北京，正遇上龙井脱销，仿佛也没引起什么感触。或可谓“曾经沧海”了吧……后来偶然从一位前辈藏书家那里，拣出了明人田艺蘅的笔记《煮泉小品》来，不禁又怀了几许敬畏，把其中述及龙井泉、龙井茶的字句，随手抄下了这么几行：

今武林诸泉，唯龙泓入品，而茶亦唯龙泓山为最。又其上为老龙泓，寒碧倍之。其地产茶，为南北绝品。

而那天从龙井寺下山，到茅家埠头搭船的时候，蒙同舱一位老者告诉，说龙井寺偶尔拿出的梅家坞茶，是连杭州人也难得尝到的；至于梅家坞么，老者说，那地方正处于老龙泓山麓的阳坡上——未经古籍印验，那天所享即为“绝品”，让我难免又是一惊……

记得当日离开龙井寺已渐近黄昏，雨复为雪。满湖里雪落无声，那老者也不再言语。舱间更只剩了些个空寂。也只可危坐舷边，任小船向着“平湖秋月”那边渡去……

品茶

贾平凹

西安城里，有一帮弄艺术的人物，常常相邀着去各家，吃着烟茶，聊聊闲话。有时激动起来，谈得通宵达旦，有时却沉默了，那么半日无言儿呆过半天；但差不多十天半月，便又要去一番走动呢。忽有一日，其中有叫子兴的，打了电话，众朋友就相厮去他家了。

子兴是位诗人，文坛上负有名望，这帮人中，该他为佼佼者。但他没有固定的住处，总是为着房子颠簸。三个月前，托人在南郊租得一所农舍，本应早邀众友而去，却突然又到西湖参加了一个诗会，得了本年度的诗奖。众人便想，诗人正在得意，又迁居了新屋，去吃茶闲话，一定是有别样的滋味了。

正是三月天，城外的天显得极高，也极清。田野酥软软的，草发得十分嫩，其中有蒲公英，一点一点的淡黄，使人心神儿几分荡漾了。远远看着杨柳，绿得有了烟雾，晕得如梦一般，禁不住近去看时，枝梢却并没叶片，皮下的脉络是楚楚地流动着绿。

路上行人很多，有的坐着车，或是谋事；有的挑着担，或是买卖。春光悄悄儿走来，只有他们这般悠闲，醺醺然，也只有他们深得这春之妙味了。

打问该去的村子，旁人已经指点，问及子兴，却皆不知道，讲明是在这里住着的一位诗人，答者更是莫解，末了说：

“是 × 书记的小舅子吗？那是在前村。”

大家啼笑皆非，喟叹良久，凄凄伤感起来：书记的小舅子村人尽知，诗人却不知为然，往日意气洋洋者，原来是这样的可怜啊！

过了一道浅水，水边蹲着一个牧童，正用水洗着羊身。他们不再说起诗人，打问起子兴家，牧童凝视许久，挥手一指村头，依然未言。村头是一高地，稀落一片桃林，桃花已经开了，灼灼的，十分耀眼。众人过了小桥，桃林里很静，扫过一股风，花瓣落了许多。深走五百米远，果然有一座土屋，墙虽没抹灰，但泥搪得整洁，瓦蓝瓦蓝的，不曾生着绿苔。门前一棵荚子槐，不老，也不弱，高高撑着枝叶，像一柄大伞。东边窗下，三根四根细竹，清楚得动人。往远，围一道篱笆，篱笆外的甬道，铺着各色卵石，随坡势上下，卵石纹路齐而旋转，像是水流。中堂窗开着，子兴在里边坐着吟诗，摇头晃脑，得意得有些忘形。

众人呼叫一声，子兴喜欢地出来，拉客进门，先是话别叙情，再是阔谈得奖。亲热过后，自称有茶相待，就指着后窗说：好茶要有好水，特让妻去深井汲水去了。

从后窗看去，果然主妇正好在村口井台上排队，终轮到了，扳着轱辘，颤着绳索，咿咿呀呀地响。末了提了水罐，笑吟吟地一路回来了。

众人看着房子，说这地方毕竟还好，虽不繁华，难得清静，虽不方便，却也悠暇，又守着这桃花井水，也是“人生以此足也”。这么说着，主妇端上茶来，这茶吃得讲究，全不用玻璃杯子，一律细瓷小碗。子兴让众人静静坐了，慢慢饮来。众人窃窃笑，打开碗盖，便见水面浮一层白气，白气散开，是一道道水痕纹，好久平复了。子兴说，先呷一小口，吸气儿慢慢咽下，众人就骂一句“穷讲究”，一口先喝下了半碗。

君子相交一杯茶，这么喝着，谈着，时光就不知不觉消磨过去，谁也不知道说了多少话，说了什么话，茶一壶一壶添上来，主妇已经是第五次烧火了。不知什么时候，话题转到路上的事，茶席上不免有一番叹息，嘲笑诗人不如弃笔为政，继而又说“阳春白雪，和者盖寡”，自命清高。子兴苦笑着，站起来说：“别自看自大，还是多吃茶吧！怎么样，这茶好吗？”

众人说：“一般。”

“甚味？”

“无味。”

“要慢慢地品。”

“很清。”

“再品。”

“很淡。”

子兴不断地启发，回答都不使他满意，他有些遗憾了，说：

“这是龙井名茶啊！”

这竟使众人都大惊了。他们住在这里，一向喝着陕青茶，从来只知喝茶就是喝那比水好喝一点的黄汤，从来不知品茶的品法。

老早听说龙井是茶中之王，如今喝了半天了，竟没有喝出特别的味儿来，真是可谓蠢笨，便怨恨子兴事先不早说明，又责怪这龙井盛名难副，深信“看景不如听景”这一俗语的真理了。

“好东西为什么这么无味呢？”

大家觉得好奇，谈话的主题就又转移到这茶了。众说不一，各自阐发着自己的见解。

画家说：“水是无色，色却最丰。”

戏剧家说：“静场便是高潮。”

诗人说：“不说出的地方，正是要说的地方。”

小说家说：“真正的艺术是忽视艺术的。”

子兴说：“无味而至味。”

评论家说：“这正如你一样，有名其实无名，无乐其实大乐也！”

众人哈哈一笑，站起身来，说时间不早了，该回家去了，就走出门来，在桃林里站了会儿，觉得今日这茶品得无味，话也说得无聊，又笑了几声，就各自散了。

作于 1981 年 9 月 17 日午 西安

武夷品茗

刘长春

到了武夷山，不坐竹筏游九曲，算不得真正领略了武夷的山水神韵。游了九曲，不品岩茶又有虚此一行之说，于是又欣然走进了茶馆。

品茶是件雅事。茶馆也建筑得够雅。说是茶馆其实是竹楼，用大毛竹搭建而成，围墙也用竹枝编织。竹子，潇洒临风；茶叶，醇香流韵。竹与茶都为山中清物，坐在竹楼品茶也就多一点和谐亲近的感觉。俗语说："品茶先品人。"看着半屋围着茶几正襟危坐的品茶人，生怕失了自己的身份，也不由得绷紧了身架，好像不做成一副斯斯文文的样子，就会坏了这里的规矩。

半屋子的人，却静得有如一池秋水。

茶馆是这样安静的吗？说书的、唱戏的、谈笑的、卖瓜子花生糕点糖葫芦的，都要在这里杂呼混喊……可是，我却觉得，哪儿都可以喧闹，茶馆是最不该喧闹的地方。传出江南丝竹轻柔的演奏，听着茶艺小姐慢声细气的讲述，冒着热气的壶儿，闻着茶的香味儿，然后端起小杯儿细啜一口，用舌尖慢慢地品味，便进入了一种境界。

先说泡茶吧，有讲究，分茶入壶，得用三沸之水冲泡。使用的水也有讲究，主人说，现在用的是武夷山最好的水泡武夷山最好的茶。俗话说：“酒不醉人人自醉。”茶亦然，还没有沾唇，先就醉了。水初沸为“鱼眼”，二沸为“连珠”，三沸腾波鼓浪，水就“老”了，容易出味儿，热水冲入壶中，要让茶壶口发出泡沫，然后用适量水再冲，将泡沫冲出壶外，谓之“洗茶”。然后加盖，在壶外再冲热水，这叫“内外加工”。这之后才斟茶，这又有一套规矩。开始是“关公巡城”，一杯挨着一杯反复斟注；等到壶里茶汁少了，便是“韩信点兵”，一滴滴地平均分配。据说武夷山人喝功夫茶，最讲究“规矩”二字，先先后后有三九之道。品茶用的又是胡桃一般的小杯，不知是出自景德镇还是宜兴的瓷窑。紫色的杯子里盛着碧玉色琥珀光的茶水，一杯又一杯，怎么也喝不够。喝了，还要细细地品味一番，齿唇之间还留有香甜之感，才上舌头又下心头，算是品出了茶之神魂底骨来龙去脉，用他们的话说这叫“茶艺”。喝茶是一种艺术的享受，艺术的事能马虎吗？又不是解渴，不分青红皂白，端起碗来可以咕咚咕咚地喝个痛快。用《红楼梦》里妙玉的话说，这不叫品茶，叫“饮驴”。品茶也讲环境、心境与情趣。品茶是以人少为佳，愈显出和美清高的雅韵来。

武夷山人又说："品茶，品茶，三口为品。"品茶须分色、香、味。"色"比较好辨，绿茶之色如翡翠碧绿清澈；红茶之色如琥珀红亮鲜艳，而武夷山岩茶之色则是"七分绿，三分红"。"味"也比较好说，绿茶是清而甘，红茶涩而甘，武夷山岩茶呢，是苦而甘，茶一入口，便先感到有些苦味，然后再细细回味一番，就觉得有一种浓厚的甘甜。唯有这"香"最难说，好茶泡出来确实好闻，香，清香、异香、奇香、天香、醇香、芳香、馨香、妙不可言之香，但到底是什么香？却难以比拟。花茶一闻便知，这是茉莉香，那是玫瑰香。要区别武夷岩茶与红茶、绿茶之香则难。思量一番，斟酌再三，也只能说，绿茶香清而淡，红茶香艳而重，武夷岩茶香浓而厚，这也只有在喝了经过几泡的武夷岩茶后才有的体会。武夷山人论茶，就有"九泡余香"的说法，经过九泡之后的茶水照样能闻到一股绵绵不尽的香气，才是好茶，其他的也只是等而下之了。难怪袁子才喝了武夷岩茶以后，会有"龙井虽清而味薄矣，阳羡虽佳而韵逊也"的感慨，以为武夷岩茶"享天下盛名，真乃不忝"！

武夷山岩茶经泡，余香不绝，和岩茶的采摘与制作有关。我在武夷山岩茶研究所里见到采集的岩茶标本，一叶竟有一片枇杷叶那么阔大，曾使我大吃一惊，何曾想到世上竟有这样的茶叶？不说西湖龙井的凤爪纤细，不说黄山毛峰的嫩毫娇弱，也不说太湖碧螺春的娥眉轻柔，就说我家乡的"云雾茶"，谷雨前采摘的茶叶用开水一冲泡，也只是细细小小的一芽一叶。一般的茶叶皆以谷雨、清明前采摘的为上品，称作"雨前""明前"茶。那时，茶树才刚刚绽出几星细细的嫩叶，产量低，一斤云雾茶就要两万多片叶子，得一个采茶女采摘一天，所以就名贵了。而武夷岩茶却是反其道而行之，据说一定要待清明后才能采摘，还要求做到“三不采”，即雨天不采，有露水不采，烈日不采。叶子长大了，老了，苦水涩水也少了，才可以制作出岩茶令人意料不到的好香味来。

说起来，武夷岩茶也属于“乌龙茶”这个家庭。每片叶子，形似小蛇，弯弯扭扭的，色呈黑，因为蛇龙可以通称，故称“乌龙茶”。它的制作，清人陆廷灿在《续茶经》中引述《茶说》有这样一段记载：“武夷茶……茶采后，以竹筐匀铺，架于风日中，名曰晒青，俟其青色渐收，然后再加炒焙。阳羡芥片，只蒸不炒，火焙以成。松萝、龙井，皆炒而不焙，故其色纯。独武夷炒焙兼施，烹出之时，半青半红，青者乃炒色，红者乃焙色也。”这样独特的制作工艺，难怪武夷岩茶独具风韵，成为我国十大名茶中的佼佼者。

品茶毕，悠悠地从茶馆里走出来，见两边青山一齐挤来眼前，我见青山多妩媚，料青山见我亦如是。唐朝诗人释皎然《饮茶歌》曰：“一饮涤昏寐，情来朗爽满天地；再饮清我神，忽如飞雨洒轻尘；三饮便得道，何须苦心破烦恼……”如今是洗了旅尘，涤了昏寐，又破了烦恼，明日真可以“两腋清风起，我欲上蓬莱”，浪迹于这青山碧水之间，飘飘欲仙了。

茶

洪治纲

千岛湖山多，雾多，故所产之茶多属珍品。其中尤令我钟爱的，便是千岛银针。

顾名思义，这种茶形体纤细，好似一枚枚精致的银针，色泽微白，味香纯正。泡在杯中，一根根肃然而立，昂首挺胸，气血高涨，像训练有素的三军仪仗队，颇具风骨。偶尔也会有一两瓣，随热水的浸泡慢慢地旋而转之，令人想起那种用脚尖跳舞的芭蕾，很有些诗意的韵致。

我虽不精于茶道，却偏偏嗜茶如命。在我的心目中，好茶如同好女子，你只能在慢慢的交流中，才能品味到她的妙处，感受到她的精髓，并会自然而然地滋生出某种永难忘怀的依恋。尤其是像千岛银针，与那些用化肥喂养起来的、很有风韵的“龙井小姐”相比，倘若“以貌取人”的话，它只能算是地地道道营养不良的“丫环”一类了。但是，如果你能静下心来“透过现象看本质”，你就会发现，那些看起来很性感的龙井之类，其实浅薄得很，一两泡之后便淡而无味，很没内涵。

而千岛银针却不同了。它长于深山，没有条件享受人们优厚的物质关爱，只能常年受雨淋雾裹，吸天地之精气，纳日月之光华，缓缓而生，形体精瘦却饱含琼汁，容颜清癯却内蕴精深，任你四泡五泡，依旧甘味绵长，回味无穷。有时候，我也会盯着茶杯纳闷，这一枚枚细如银针的茶，怎么在经受了如此长久的冲泡之后，还依然能吐出浓郁的清香？

这是一种何等高迈的人生境界，又是一种何等深邃的生命情怀？

有道是：“精茗蕴香，借水而发，无水不可与论茶也。”茶与水，犹如花与叶，鸟与羽，人与衣，相生相长，不可缺一。所以，好茶需好水，就像好马配好鞍，好女嫁俊郎，唯其如此，才能使它的绝妙之处更显非凡。否则，你只能乖乖地领悟什么叫作“鲜花插在牛粪上”了。

对于茶来说，“凡水泉不甘，能损茶味，故古人择水最为切要。山水上，江水次，井水下”。像千岛银针这样的极品，当然需要一流的“山水”，才能真正地品味到它的所有韵味。而千岛湖好像自古而来就为人们准备了这种充足的“上等之水”，因为千岛湖的水都是由山涧活泉汇聚而成，清洌甘爽，用这样的水来冲泡千岛银针，自然有着无可挑剔的滋味。

所以，每次到千岛湖，我总要从朋友处索些千岛银针，然后借浩浩湖水，悠悠地喝着，仿佛要过足一生的茶瘾。有时候，适逢细雨时节，与三五友人荡舟于烟波缥缈的湖中，端着这样的茶水，一口一口地呷饮风景，怀想往事，许多人生难解的结，便在时间的缓释中悄悄解开；许多生命里的焦灼，便在这茶的沉浮中淡泊下来。

品新茶

李国文

又是细雨微风，新茶上市的春天，一位朋友从南方来京开会，给我带来一小盒龙井。沏来一尝，叶绿水碧，茶香四溢，微苦回甜，口颊生津，连呼好茶好茶。不过，生产这种挺不错的龙井茶的茶厂，却不在杭州，而是远在数百里外的他乡。于是，不胜感慨，这龙井的井，涵盖面也太大了。

当然，谁也不会相信，是从杭州把炒好的龙井茶运到那里去包装的。肯定是在当地采撷的茶叶，姑且我们相信是按照龙井茶的传统制作方式生产，或者，专门敦请了杭州龙井茶的师傅到他们那里去亲手炒制，一份非常地道的而是外地的龙井茶。

茶叶的好坏，很大程度上决定于内在质量。受到产地的土壤状态、水质条件、栽培方法、采摘时间，以及日照、云雾、湿润、微量元素等等因素的制约，一方水土，出一方茶叶。所以，龙井茶的饮誉千年，是和龙井这个地方分不开的。因此，龙井的龙井，与杭州的龙井，与杭州以外的龙井，应该是有着本质上的差别的。

明人田艺蘅《煮泉小品》中说道："今武林诸泉，唯龙泓入品，而茶亦唯龙泓山为最。又其上为老龙泓，寒碧倍之。其地产茶，为南北绝品。"可见古人也已经明白，所谓龙井茶，也只有狮峰、龙井、梅家坞这几处出产的，才是最地道、最本色的龙井茶。

去年春末夏初，北京城里好几家商场、茶庄，就有现场炒茶的表演。茶叶是飞机空运来的，炒茶的师傅自然也是产地请来做示范的。因为成本太高，价格不菲，也是围观者多，购买者少。我也挤在其中欣赏师傅的操作，在啧啧称羡声中，那新炒出的茶，沏出来，你会联想到一首抒情诗，一幅水墨画，一支提琴独奏曲，有美不胜收之感。

但是，再好的师傅，炒出来的再好的茶，是龙井，就是龙井，不是龙井，就不是龙井。当然，真正龙井，其上品，是不大容易买到的了。如今那些标明龙井的龙井茶，很大部分并不是龙井生产的，而且来自杭州四周，来自离杭州更远的地方，也未可知。看来龙井之大，简直无边无涯了。

不过，端在手中的这杯非龙井产地的龙井，其实，应该属于上品。否则，我的朋友不会特地给我带来，不会信心十足地当场沏出来，大有真金不怕火炼之意。他说了一句上海话，"灵勿灵当场试验"，果然好茶，是不用说的了。然而，滋润肺腑、腋下生风之际，我也不胜其惶惑，这间茶厂能生产出这等优质茶，既然不想以次充好，既然不想以假作真，既然不亚于名茶，或者哪怕亚一点，也没有必要非附骥于名茶不可呀?

我与来客讨论，若从心理层次探究的话，这些所作所为的背面，恐怕很大程度上是对自己缺乏自信的表现。

于是，浮想联翩，茶，如此，其实，人，何尝又不是如此呢?

在生活中，好端端的人，有时硬是不十分相信自己，也是屡见不鲜的。非要依托于名人，借重于洋人，仰仗于要人，赖靠于死人，唯如此，才觉得脸面有光，才觉得自己人五人六，这实在是很累心累力，也是大可不必的事。

说到底，你就是你，你就做你自己，那多好。

啜茶紫金庵

刘锡诚

浩淼的太湖水域中，伸进来一个绿荫覆盖的半岛，叫东洞庭山，俗称东山，堪称天下无双绝美风景名胜之地。早春二月，腊梅花开时，我、马昌仪和吴重阳，在江苏省文学评论家徐采石和儿童文学评论家金燕玉夫妇的陪同下，从苏州出发作苏南之游，饱览了好几个江南古镇之后，沿着新建的太湖大堤来到东山的卯坞村。我们鱼贯穿过常年在绿荫下布满青苔的小径，踏进了绿树掩映中的紫金庵的院门。

相传，紫金庵始建于唐代初叶，系西域僧人

沙利各达耶来此结庵修道时所建。进得院门，但见不大的院落里有两株参天老树，几乎把个天井的全部空间盖住了。这两株已有800多年树龄的古树，一株是金桂，一株是玉兰，依然花枝繁茂，浓荫如盖，给这江南早春的二月天增添了无限的生机。一通《唐示寂本庵开山和尚诸位绝灵之墓》石碑，证明了它是1300多年前的唐朝旧物。庵内有听松堂、白云居、晴川轩等宫观，一水儿都是清末的建筑，而那间俗称楠木殿的净因堂，建于清乾隆十一年（公元1746年）。庵内塑有十八罗汉，据称出自南宋民间雕塑家雷潮夫妇之手，其造型各具妙相，姿态各异，神情逼真，呼之欲活。罗汉身上所着服饰，层次分明，衣褶流转，极富质感，系我国古代泥塑艺术之精品。

出得殿来环顾紫金庵四周，山峦起伏，松竹茶梅，地处幽绝，清静无双，真一所道家绝好去处。因为庵内光线不足，我的方向感似乎也失灵了。无怪乎明人顾超《紫金庵》诗说："山中幽绝处，当以此居先。绿竹深无暑，清池小有天。笑啼罗汉像，文字道人禅。最好梅花候，高窗借过年。"

由于采石兄在出发时，约请了吴县市文物管理所的专家龚金元先生同来，他招呼紫金庵的管理人员和僧人们请我们在庵内的山庄吃茶。山庄虽小，但一色竹木结构，材料自然是当地土产，就地取材。不过年代久了，由于使用和潮气的浸润，已经相当陈旧了，几张木茶桌呈现着浓浓的黑色，倒也与殿堂的颜色相和谐。饮茶的杯子也并不讲究，是一般的玻璃茶杯。刹那间，我产生了一种疑惑和不解：怎么一个如此幽静的饮茶山庄，却给客人用如此平常的玻璃杯？一位女主人把杯子摆在我们面前，却并不放茶叶，便给每个杯子里倒上半杯开水，然后，才把茶叶放在盛了半杯开水的杯子里。她向我们交代说："各位客人，我们的茶叶是这里的特产碧螺春。

茶叶碧绿鲜嫩，是早春采摘下来的茶树上的嫩芽，不能先放茶叶再倒开水，以防把嫩茶叶片给烫熟了。要先倒上开水后放茶叶，这茶叶会慢慢地伸展开叶片，发出异香。”说话间，隔着透明的玻璃杯，我们看见那卷曲的绿茶叶片，一簇簇地在水里站立了起来，像是一群有灵性的小人，煞是神奇，煞是好看。这位妇女又来给每个人面前的杯子里添水，说：“现在，你们可以开始品茶了，茶叶的香味开始散发出来了。”这时，我才意识到何以用的是玻璃杯子，而不是通常茶艺用的陶瓷茶杯。我们按照他们的提示，把茶水啜吸进口中，含了片刻。主人问道：“口中是否感到了异香？”这时，口中的味觉感知，的确有一种从来没有体验过的清香之味向口腔四周扩散、蔓延。这就是名闻遐迩的碧螺春！

龚先生这时才开金口，向我们讲述1954年周恩来总理到日内瓦开会带的就是东山出产的碧螺春茶。会议上，周总理用碧螺春茶招待客人，各国政要看到玻璃杯里的茶叶悬空站立起来，呈现出碧绿透明的颜色，发出清洌的香味，无不惊异和赞叹。在日内瓦，碧螺春茶在中国外交史上起了亲善使者的作用，采石和燕玉对这个轶闻是耳熟能详的，而对我们三位北京来客而言，则颇感新鲜。于是，我们便一杯一杯，不断地啜饮着这鲜嫩芳香的茶水，希望能品出它的特异香味来。

我从上世纪90年代初开始涉足文化人类学的领域，也曾在江西上饶观摩过婺源县茶艺表演队的婺源茶道表演。婺源茶是我国著名的绿茶之一，从茶文化的角度来看，有自己的内涵。在此面对着的是东山的碧螺春，我一面啜饮着，一面在思考，我想，色香味是茶的自然属性，自然属性之外，还各有其文化内涵。而碧螺春又有什么样的文化内涵呢？我早就听说，碧螺春只产于东山的一个山头上，它的此色、此香、此味，皆决定于产地的自然环境以及它的泡饮方式，一方面取决于它的自然属性，另一方面，又体现了吴人和源远流长的吴文化的传统。据《太湖备考》记载，碧落峰石壁有野茶数枝，山人朱元正采制，其香异常。碧螺峰山峦叠嶂，生态环境特别优越，树木成荫，四季花果芬芳，加之濒临太湖，水汽足，云雾多，气候温和，空气清新，因而所产之茶天生丽质，芳香殊异。

主人告诉我们，碧螺春茶产地极小，茶树数量不多，产量自然有限。我们在庵里喝的是地道的碧螺春茶，水也是池中的泉水，自是极为难得的一次品茗。主人说，外面假冒碧螺春之名者很多，包括庵门外面小路两旁的那些茶叶摊，所卖的也多不是真正的碧螺春茶。据茶书记载，采茶制茶的村庄，就名茶坞。紫金庵所在的这个村子，村名卯坞，想必当年也是一个以采摘和制作茶叶为专业的村庄。

吃茶

王稼句

吃茶，春夏秋冬，无时不宜，如得半日之闲，找个去处吃吃茶，或有三两朋友聚在一起随便谈些什么，也是一件赏心的事。病休在家，常常一个人去文庙，在茶室里，泡一杯茶，读一本书。茶冲得淡了，书也粗粗翻过，于是起身，沿着小道，在绿荫丛中走上一圈，看看那些不知名的花草，再慢慢地踱回家去。

知堂老人以为“喝茶当于瓦屋纸窗下，清泉绿茶，用素雅的陶瓷茶具，同二三人共饮，得半日之闲，可抵十年的尘梦。喝茶之后，再去继续修各人的胜业，无论为名为利，都无不可，但偶然的片刻优游乃正亦断不可少。”（《喝茶》）如今“瓦屋纸窗”，几乎不存；“素雅的陶瓷茶具”，也都被透明的玻璃杯替代了；同饮的二三人，却还是有的，于是聚在一起，天南海北，闲聊一番，也是极好的一种休憩。偶尔也有“与君一席话，胜读十年书”的，但既然是“片刻优游”，又何必去谈什么学问，否则也失去了吃茶的滋味。

俗话说：“新茶陈柴山泉水。”吃茶首先讲究茶叶，本地特产碧螺春，传为康熙题名，极负盛誉，而今价格昂贵，品级高的，也就难得一尝了。平常吃的是各种绿茶，偶也有西湖龙井、庐山云雾、黄山毛峰、六安瓜片，只要是“明前”或“雨前”的，用好水冲泡，便可见得杯盏之中，一枪一旗，徐徐舒展，色清而味甘，微香而小苦，正可让人进入清淡的绿与清淡的苦的那种境界。既然吃茶是一种享受，那么环境也是很要紧的，虽说境由心造，然而对于我等这样的平常人来说，给浮躁以宁静，给忧郁以畅怀，不能没有一个清雅幽静的地方。

苏州园林是吃茶的好去处，只是平时游客极多，摩肩接踵，熙熙攘攘，茶室里难免笑语喧哗。因此去园林吃茶，必须寻个雨天，那时人迹寥寥，庭院寂寂，偶有唧唧喳喳的麻雀，从屋檐里飞出来，又躲到枝叶繁茂的大树上去，这吃茶就有许多情趣了。

如果在沧浪亭的茶榭里吃茶，对岸杨柳依依，伞影绰绰，颇有“渡口唤船人独立，一蓑烟雨湿黄昏”的意境。如果在东园的楼台上吃茶，一抹城垣仿佛是隐隐的小丘，便有“山色空蒙雨亦奇”的大略了。而在网师园的茶室，窗外的粉墙衬映着翠竹石笋，会令人想起这粉墙之外的小巷，或许正有一枝红杏在悄悄地舒展，于是便很有“小楼一夜听春雨，深巷明朝卖杏花”的情味了。如果是在雪天，园林自然更为幽静，茶室里未必很暖和，但氤氲的热茶，弥散着若有若无的香味，轻轻的谈笑，以及烟头的那一点暗红，那一缕袅袅的青烟，心底自会有微微的暖意。这时，雪还在下着，屋外是一片纯白。也许会有人联想起大观园里的那个雪天，几个姑娘身披猩红的斗篷，正说笑着，沿着曲径踏雪而来。这猩红在白色的天地里，是那样的灼眼，确乎是这琉璃世界里的最好点缀。

我的吃茶，最舒心的一次是在西湖。那是晚秋的一个清晨，本想去楼外楼吃点心，想不到竟然关门，便走到孤山沿湖的梅鹤茶室。泡了杯茶，坐在藤椅里慢慢品啜。这时，湖上静悄悄的，弥漫着淡淡的晨雾，远处的山峦约略有点影子。那茶碧绿绿的，如同春雨后山中的树色，渐渐地只觉得这茶清而不醇，甘而不冽，口颊生香，芬芳隽永。茶吃了半晌，心底里很是快然，起座离去的时候，不知怎么一来，记起了苏东坡的诗——“戏作小诗君勿笑，从来佳茗似佳人。”

翻江倒海一杯中

茶在英国

萧乾

中国人常说，好吃不如饺子，舒服不如躺着。英国人在生活上最大的享受，莫如在起床前倚枕喝上一杯热茶。四十年代在英国去朋友家度周末，入寝前，主人有时会问一声：早晨要不要给你送杯茶去？

那时，我有位澳大利亚朋友——著名男高音纳尔逊·伊灵沃茨。退休后，他在斯坦因斯镇买了一幢临泰晤士河的别墅。他平生有两大嗜好：一是游泳，二是饮茶。游泳，河就在他窗下。为了清早一睁眼就喝上热茶，他在床头设有一套茶具，墙上安装了插座。每晚睡前他总在小茶壶里放好适量茶叶，小电锅里放上水。一睁眼，只消插上电，顷刻间就沏上茶了。他非常得意这套设备。他总一边啜着，一边哼起什么咏叹调。

从二次大战的配给，最能看出茶在英国人生活中的重要性。英国一向倚仗有庞大帝国，生活物资大都靠船队运进。1939 年 9 月宣战后，纳粹潜艇猖獗，英国商船在海上要冒很大风险，时常被鱼雷击沉。因此，只有绝对必需品才准运输（头六年，我就没见过一只香蕉）。然而在如此艰难的情况下，居民每月的配给还包括茶叶一包。在法国，咖啡的位置相当于英国的茶。那里的战时配给品中，短不了咖啡。1944 年巴黎解放后，我在钱能欣兄家中喝过那种“战时咖啡”，实在难以下咽。据说是用炒橡皮树籽磨成的！

然而那时英国政府发给市民的并不是榆树叶，而是真正在锡兰（今斯里兰卡）生产的红茶。只是数量少得可怜，每个月每人只有二两。

我虽是蒙古族人，一辈子过的却是汉人生活。初抵英伦，我对于茶里放牛奶和糖，很不习惯。茶会上，女主人倒茶时，总要问一声：“几块方糖？”开头，我总说：“不要，谢谢。”但是很快我就发现，喝锡兰红茶，非加点糖奶不可。不然的话，端起来，那茶是绛紫色的，仿佛是鸡血，喝到嘴里则苦涩得像是吃未熟的柿子。所以锡兰茶亦有“黑茶”之称。

那些年想喝杯地道的红茶（大多是“大红袍”），就只有去广东人开的中国餐馆。至于龙井、香片，那就仅仅在梦境中或到哪位汉学家府上去串门，偶尔可以品尝到。那绿茶平时他们舍不得喝。待来了东方客人，才从橱柜的什么角落里掏出。边呷着茶边谈论李白和白居易，刹那间，那清香的茶水不知不觉把人带回到唐代的中国。

作为一种社交方式，我觉得茶会不但比宴会节约，也实惠并且文雅多了。首先是那气氛。友朋相聚，主要还是为叙叙旧，谈谈心，交换一下意见。宴会坐下来，满满一桌子名酒佳馔往往压倒一切。尤其吃鱼：为了怕小刺扎入喉间，只能埋头细嚼慢咽，这时，如果太讲礼节，只顾了同主人应对，一不当心，后果真非同小可！我曾多次在宴会上遇到很想与之深谈的人，而且彼此也大有可聊的。怎奈桌上杯盘交错，热气腾腾，即便是邻座，也不大谈得起来。倘若中间再隔了数人，就除了频频相互举杯，遥遥表示友好之情外，实在谈不上几句话。我尤其怕赴闹酒的宴会：出来一位打通关的勇将，摆起擂台，那就把宴请变成了灌醉。

茶会则不然。赴茶会的没有埋头大吃点心或捧杯牛饮的，谈话成为活动的中心。主持茶会真可说是一种灵巧的艺术，要既能引出大家共同关心的题目，又不让桌面胶着在一个话题上。待一个问题谈得差不多时，主人会很巧妙地转换到另一个似是相关而又别一天地的话料儿上，自始至终能让场上保持着热烈融洽的气氛。茶会结束后，人人仿佛都更聪明了些，相互间似乎也变得更为透明。在茶会上，既要能表现机智风趣，又忌讳说教卖弄。茶会最能使人觉得风流倜傥，也是训练外交官的极好场地。

英国人请人赴茶会时发的帖子最为别致含蓄。通常只写：

某某先生暨夫人

将于某年某月某日下午某时

在家

既不注明“恭候”，更不提茶会。萧伯纳曾开过一次玩笑，当他收到这样一张请帖时，他回了个明信片，上书：

萧伯纳暨夫人

将于某年某月某日下午某时

也在家

英国茶会上有个规矩：面包点心可以自取，但茶壶却始终由女主人掌握（正如男主人对壁炉的火具有专用权）。讲究的，除了茶壶之外，还备有一罐开水。女主人给每位客人倒茶时，都先问一下“浓还是淡”。如答以后者，她就在倒茶时，兑上点开水。放糖之前，也先问一声：“您要几块？”初时，我感到太啰唆，殊不知这里包含着对客人的尊重之意。

我在英国还常赴一种很实惠的茶会，叫作“高茶”，实际上是把茶会同晚餐连在一起。茶会一般在四点至四点半之间开始，高茶则多在五点开始。最初，桌上摆的和茶会一样，到六点以后，就陆续端上一些冷肉或炸食。客人原座不动，谈话也不间断。我说高茶“很实惠”，不但指吃的样多量大，更是指这样连续四五个小时的相聚，大可以海阔天空地足聊一通。

茶会也是剑桥大学师生及同学之间交往的主要场合，甚至还可以说它是一种教学方式。每个学生都各有自己的导师。当年我那位导师是戴迪·瑞兰兹，他就经常约我去他寓所用茶。我们一边饮茶，一边就讨论起维吉尼亚·伍尔夫或戴维·赫·劳伦斯了。那些年，除了同学互请茶会外，我还不时地赴一些教授的茶会。其中有经济大师凯因斯的高足罗宾逊夫人和当时正在研究中国科学史的李约瑟，以及二十年代到中国讲过学的罗素。在这样的茶会，还常常遇到其他教授。他们记下我所在的学院后，也会来约请。人际关系就这么打开了。然而当时糖和茶的配给，每人每月就那么一丁点儿，还能举行茶会吗？

这里就表现出英国国民性的两个方面。一是顽强。尽管四下里丢着“卍字号”炸弹，茶会照样举行不误；正如位于伦敦市中心的国家绘画馆也在大轰炸中照常举行“午餐音乐会”一样。这是在精神上顶住希特勒淫威的表现。另一方面是人际关系中讲求公道。每人的茶与糖配给既然少得那么可怜，赴茶会的客人大多从自己的配给中捏出一撮茶叶和一点糖，分别包起，走进客厅，一面寒暄，一面不露声色地把自己带来的小包包放在桌角。女主人会瞟上一眼，微笑着说：“您太费心啦！”

关于中国对世界的贡献，经常被列举的是火药和造纸。然而在中西交通史上，茶叶理应占有它的位置。

茶叶似乎是十七世纪初由葡萄牙人最早引到欧洲的。1600 年，英国茶商托马斯·加尔威写过《茶叶和种植、质量与品德》一书。英国的茶叶起初是东印度公司从厦门引进的。1677 年，共进口了五千磅。十七世纪四十年代，英人在印度殖民地开始试种茶叶。那时可能就养成了在茶中加糖的习惯。1767 年，一个叫作阿瑟·扬的人，在《农夫书简》中抱怨说，英国花在茶与糖上的钱太多了，“足够为四百万人提供面包”。当时茶与酒的消耗量已并驾齐驱。1800 那年，英国人消耗了十五万吨糖，其中很大一部分是用在饮茶上的。

十七世纪中叶，英国上流社会已有了饮茶的习惯。以日记写作载入英国文学史的撒姆尔·佩皮斯在1660年9月25日的日记中作了饮茶的描述。当时上等茶叶每磅可售到十英镑——合成现在的英镑，不知要乘上几十几百倍了。所以只有王公贵族才喝得起。随着进口量的增加，茶变得普及了。1799年，一位伊顿爵士写道："任何人只消走进米德尔塞克斯或萨里郡（按：均在伦敦西南）哪家贫民住的茅舍，都会发现他们不但从早到晚喝茶，而且晚餐桌上也大量豪饮。"（见G·M·特里维林：《英国社会史》）

茶叶还成了美国人抗英的独立战争的导火线。这就是历史上有名的"波士顿事件"。1773年12月16日，美国市民愤于英国殖民当局的苛捐杂税，就装扮成印第安人，登上开进波士顿港的英轮，将船上一箱箱的茶叶投入海中，从而点燃起独立运动的火炬。

咱们中国人大概很在乎口福，所以说起合不合自己的兴趣时，就用"口味"来形容。英国人更习惯于用茶来表示。当一个英国人不喜欢什么的时候，他就说："这不是我那杯茶。"

十八世纪以《训子家书》闻名的柴斯特顿勋爵（1694~1773）曾写道："尽管茶来自东方，但它毕竟是绅士气味的。而可可则是个痞子、懦夫，一头粗野的猛兽。"这里，自然表现出他对非洲的轻蔑，但也看得出茶在那时是代表中国文明的。以英国为精神故乡的美国小说家亨利·杰姆士（1843~1916）在名著《仕女画像》一书中写道："人生最舒畅莫如饮下午茶的时刻。"湖畔诗人柯勒律治（1875~1912）则慨叹道："为了喝到茶而感谢上帝！没有茶的世界真难以想象——那可怎么活呀！我幸而生在有了茶之后的世界。"

1989年9月12日

品茗与饮牛

冯亦代

《红楼梦》里，妙玉请黛玉、宝钗、宝玉品茶，调笑宝玉说："岂不闻一杯为品，二杯即是解渴的蠢物，三杯就是饮牛饮骡的了。你吃这一海，便成什么？"相比之下，我喝茶一口气便是一玻璃杯，大概较一海为多，便成了什么呢？再说下去便要骂自己了。

我是杭州人，年幼时到虎跑寺去，总要泡一壶龙井茶，风雅一番。但现在想来，也不是"品"，大半是解渴，而且是在茶杯里玩儿。因为虎跑寺水厚，满杯的水，放下几个铜板，是不会漫出来的。

真正品过一次风雅茶，还是在我邻居钟老先生家里。他暮年从福建宦游归来，没有别的所好，只是种兰花和饮茶。他的饮茶，便是妙玉的所谓“品”了。他有一套茶具，一把小宜兴紫砂壶，四个小茶盅，一个紫砂茶盘，另外是一只烧炭的小风炉。

饮茶时，先将小风炉上的水煮沸，把紫砂壶和四个小茶盅全用沸水烫过一遍，然后把茶叶（他用的是福建的铁观音）放一小撮在紫砂壶里，沏上滚水，在壶里闷一下再倒在小茶盅里，每盅也不过盛茶水半盅左右，请我这位小客人喝。我那时已读了不少杂书，知道这是件雅人干的雅事。但如此好茶，却只饮一二次半盅，意犹未足，不过钟老先生已在收拾茶具了。以后每读《红楼梦》栊翠庵品茶的一回，不免失笑。自忖自己是个现代人，已无使用小紫砂壶饮铁观音的雅兴，只合做个俗人，饮牛饮骡而已。

但我总算亲炙了一番“品”茶之道。杭州人家里，每家有一壶家常茶，那是用大瓦壶沏的，供一般人饮用。我的祖父母和姑母们则有另沏的茶头，那是沏在中号的瓷壶里的好茶叶，每要饮茶，便从这把壶里倒出稍许茶头，兑了开水喝。我小时候祖母是不许我饮冷茶的，说饮了冷茶便要手颤，学不好字了。当时年幼还听大人的话，后来进了中学，人变野了，有时在外面跑得满身大汗回来，便捧起那把大瓦壶，对着壶嘴作牛饮。这在饮茶一道里，该是最下乘的了，难怪我现在写的字这么糟！钟老先生后来搬了家，我去看望他时，他也会拿出他那套茶具来，请我“品”铁观音。这样饮茶有个名堂，叫饮“功夫茶”，说明这样喝茶需要功夫，绝非身浮气躁的人所能做到。

中国为了鸦片烟曾与英帝国主义打了一仗。而在茶叶问题上，英帝国主义和在北美的殖民地也闹了一番纠纷。英帝国用鸦片烟来毒害中国老百姓,却用茶叶来压制北美殖民地为东印度公司牟利。殖民地人民起来反抗了,拒绝从英国进口的茶叶,曾在波士顿地方把整货船的茶叶倒入海里,以示抵制。这件事终于导致了美国以后的独立战争。

英国也是个饮茶的国家,他们天黑后要饮一次“傍晚茶”,其实有些像我们的吃夜宵。饮茶之余还佐以冷点心肉食等等。英国人喜欢饮“牛奶茶”,用的是锡兰(即今之斯里兰卡,当时还属印度)生产的茶叶,即有名的李普顿红茶,饮时加上淡乳和方块砂糖,他们是不喝绿茶的。这在英国东印度公司的贸易中心是一宗重要的项目。

英国人喝茶也有套繁文缛节,类似我们福建同胞喝“功夫茶”。英国散文大师查尔斯·兰姆曾经写过一篇文章《古瓷器》,就专门为了饮茶用的中国瓷茶杯,写了一大段。可以看出英国人饮茶的隆重。我的岳父是位老华侨,自幼即在英国式书院上学,也染上了一身洋气。他每天必饮“牛奶茶”。在他说来这是一件大事。我还在谈恋爱时,他知道了,便约我到他家饮茶。

他也有一个小炉子,一把英国式的茶壶,就是喝茶的杯子比我们喝“功夫茶”的茶盅略大一些,但也不是北京可称为海的大碗茶。他先把小炉子上的水煮滚了,在沏茶的小壶口上放一只银丝编织的小漏勺,大小与壶口相同,里面装上李普顿茶叶,然后把沸水冲入壶内,再把壶盖盖严。这样闷了几分钟,沸水受了茶气变成茶水,便可以喝了;而茶叶是不放入壶中的。另外还备有蛋糕或涂黄油的新烤熟的面包(土司),主客便一边喝茶,吃点心,一边谈话。我是第一次喝西式茶,又是毛脚女婿上门,心怀惴惴,老实说这一次就没有“品”出李普顿红茶的味儿来。以后，次数多了，觉得李普顿茶叶的味道的确比龙井深厚，香气也比龙井浓。龙井是清香，妙在淡中见味。

以后我到香港去了。香港的中式茶楼，座客衣着随便，且多袒胸跣足者厕身其间，高谈阔论，不知左右尚有他人。这些茶楼似以品尝各式细点为主，茶楼备有热笼面点糕饼不下百十种，用小车推至座客前，任选一二种慢慢受用，颇有特殊的风味。据传也有茶客，自清晨入店，午夜始回，终日盘桓，以至倾家荡产的。香港多的是这类广式茶楼，这已不是明窗净几、集友辈数人作娓娓清谈的饮茶了，而是充满市井气的热闹场所。若从品茶来说，这大概只能归入于冲洗胃里的油腻一流，既非品，亦非饮，而是讲究吃的了。

香港也有完全西式的茶座，如战前有名的香港大酒店、告罗士打行和“聪明人”茶室等。告罗士打行和香港大酒店的茶座，是珠光宝气的妖艳妇人和油头粉面的惨绿少年麇集之所，倒是“聪明人”茶座虽设在地下室内，却少繁杂的喧嚣，可以与至友数人作娓娓清谈。这里喝的除了纯咖啡与冷饮外，就是一樽李普顿红茶，是饮茶而非品茶。好在去的人意不在茶，茶叶的好坏便无所谓了。

后来到了重庆，应云卫经营中华剧艺社，在国泰大戏院演出。剧团寄住在戏院对门，外进则是一爿茶馆。杭州的茶楼里有舒适的藤椅可以躺卧，重庆的茶馆里则有帆布或竹片拼成的躺椅；每到这里来，颇动我的乡思。在重庆的五年中，我是经常出没在这家茶馆的，前几天吴茵还写信来提到我们当年在茶馆里谈笑风生的情景。这里的茶与杭州的龙井或英国的李普顿茶有别，这里饮的是沱茶。每逢你吃得酒醉饭饱时，喝上几杯沱茶，的确有消去油腻的功用。但是更令人难以忘怀的，倒是那些伴着喝沱茶的日子，谈文学谈戏剧谈电影，甚至谈国事（当然是小声的耳语，因为茶馆壁上贴着“莫谈国事”的警告），则是又一所取之不竭、用之不尽的社会大学。

抗战后回到上海，以前只有洋人才能进去的饭店茶室，大者如华懋、汇中，小者如DDS与塞维那，如今我们也能大大方方进出了。还是喝茶，但这已不是品茶，而是对于未来美好日子的期待了。

1989年国庆后一日，听风楼

两方茶语

余秋雨

这两天伙伴们驱车北行，我独居曼彻斯特，需要自己安排吃喝，于是想起了英国人在这方面的习性。

在吃的方面，意大利有很好的海鲜，德国有做得不错的肉食，法国是全方位的讲究，而英国则有点平淡。英国菜也不是做得不好吃，最大的弊病是单调。

记得很多年前在香港大学讲课，位在柏立基学院，这是一处接待各国客座教授的住所，有一个餐厅。当时香港大学完全是英国做派，正巧那学期客座教授也以英国教授为主，我就在那个餐厅里领略了英国式的吃。

每次用餐，教授们聚坐一桌，客气寒暄，彬彬有礼，轻轻笑语，杯盏无声，总之，气氛很好。但我毕竟俗气，从第二顿开始就奇怪菜式为何基本重复，以后天天重复，到第四天，我坚持不下去了。

我很想从那些教授之中找到一个共鸣者，但每天阅读他们的脸色眼神，半点痕迹都找不到，一口口吃得那么优雅而快乐，吃着每天一样的东西。我看他们久了，他们朝我点头，依然是客气寒暄，彬彬有礼，轻轻笑语，杯盏无声。

我终于找到了管理人员，用最婉和的语气说："怎么，四天的菜式，没有太大变化？"

那位年老的管理人员和善地对我说："四天？四十年了，也没有太大的变化。"

第二天我就开始到学生食堂用餐。

这件事，让我惊讶的不是菜式，而是英国教授的接受能力和忍耐能力，尤其是那永远优雅快乐的表情。

因为我看出来了，四十年不变，正是这种表情诱导的结果。管理人员怕表情有变，于是以坚定不移的菜式来保证不变。

这次来英国后我们已经吃过好几次英国菜，确实说不上什么，于是仍然去找中餐馆。

事事精细的英国，对于如此重要的吃，为何不太在乎？

他们比较在乎喝。

但这也是三百年来的事。在十七世纪中期之前，当咖啡还没有从阿拉伯引进，茶叶还没有从中国运来，他们有什么可喝呢？想想也是够可怜的。

据记载，英国从十七世纪中期开始从中国进口茶叶，数量很少，但一百年后就年进口两千多吨了，再加上走私的七千多吨，年耗已达万吨。到十九世纪，他们对茶叶的需要已经到了难于控制的地步，以至只能用鸦片来平衡白银的进出。后来他们又试验在自己的属地印度种茶而成功，去年冬天我到印度大吉岭和尼泊尔，就看到处处都卖当地茶，便是那个时候英国人开的头。

英国人在印度、尼泊尔和锡兰种的茶，由于地理气候的独特优势，品质很高，口感醇洌，我很喜欢。现在英国每天消耗茶的大部分，还是来自那里。

相比之下，中国的绿茶清香新鲜，泡起来满杯春意，缺点是喝不多。上口称绝，但加两回水就淡然无味，如重新换茶叶，喝起来也远不如刚才。天下过于娇嫩新鲜的事总是这样，不宜短时间重复，而喝茶的风情正在于绵延。可以重复而口感一直不错的是乌龙茶，制作最讲究的是中国的台湾。“冻顶乌龙”，听这名字就有一种怪异的诗意。不过这些年我又渐渐觉得，台湾茶的制作有点过度，香味过于浓郁，宁肯喝海峡对面福建的优质乌龙了。

中国喝茶的诗意是中国文化的产物，不管是绿茶娇嫩的诗意还是乌龙绵长的诗意都由来已久。即便不说陆羽的《茶经》，从一般诗文中总能频频嗅到茶香。据我认识的一位中国茶文化研究者说，茶文化最精致的部位也最难保存了，每每毁于兵荒马乱之中，后来又从解渴的原始起点上重新种植和焙制，不知断了多少回，死了多少回，但由于那些诗文在，喝茶的诗意却没有断，没有死。

英国进口了中国茶，没有进口中国茶的诗意。换言之，他们把中国茶文化的灵魂留下了，没带走。因此同样是茶，规矩的中国喝法与规矩的英国喝法完全是两回事。

英国有大诗人，但在实际生活中，例如在饮食上不太讲究诗意，这与法国人有很大差别；而法国人在饮食上的诗化追求与中国人在饮食上的诗化追求又完全不同。

英国快速地把这种好不容易从遥远的东方买来的饮品当作贵族社会的一种生活标志，而贵族的生活正是社会各界趋附的对象，因此中国茶在那里完全改变了角色，转换了身份。

当初英国贵族请人喝茶，全由女主人一人掌管，是女主人显示身份、权力、财富及风雅的机会。她神秘地捧出了那个盒子，打开盒子的钥匙只有一把，就掌握在她一人手中，于是当众打开，引起大家一阵惊叹。杯盏早就准备好了，招呼仆人上水。但仆人只有提水的份，与茶叶有关的事，都必须由女主人亲自整治。中国泡茶有时把茶叶放在茶壶里，有时则把茶叶分放在每人的茶杯里，让客人欣赏绿芽褐叶在水里飘荡浸润的鲜活样子。英国当时全用茶壶，一次次加水，一次次倾注，一次次道谢，一次次煞有介事地点头称赞，终于，倾注出来的茶水已经完全无色无味。

到此事情还没有完。女主人打开茶壶盖，用一个漂亮的金属夹子把喝干净了的茶叶——中国说法也叫茶渣吧——小心翼翼地夹出来，一点点平均地分给每一位客人。客人们如获至宝，珍惜地把茶渣放在面包片上，涂一点黄油大口吃下。

英语说茶渣要比中文好听，叫“茶的遗留”，只是英语中“遗留”一词正好与“叶”字相同，于是前些年上海大街的门牌上把茶叶店误译成了茶渣店，英国人看了有点吃惊，因为事到如今连他们也不吃茶渣面包了。

他们这样喝茶，如果被陆羽他们看到，真会瞠目结舌。既不是中国下层社会的解渴，也不是中国上层社会的诗意，倒成了一种夸张地显示尊贵的仪式，连那茶渣也鸡犬升天。虽然尊贵，但茶的“文化国籍”已经更换，因此他们也就贪图方便，到自己的属地印度、尼泊尔、锡兰去种茶了。

茶被英国广泛接受之后，渐渐变成一种每日不离的生活方式，再也不是贵族式的深藏密裹了。至今英国人对茶的日消费量仍是世界之冠，已经无法想象如果没有茶，英国人的日子怎么过。

中国文化人千万不要再从这个现象洋洋得意地证明中国文化对欧洲的征服，我前面已说过，他们喝茶已剥除了中国诗意和中国文化，因此每日不离的原因要从别处来寻找。在我看来，基本原因比较原始，是由于茶提供了一种健康、风度无损的轻微刺激，而接受这种刺激又成为片刻放松的借口，于是每天就有了一种以喝茶为节拍的生活节奏。

既然如此，英国人一般不喝太浓的茶，很少听到他们有喝茶喝“醉”了的事，但这在中国常有，特别是喜欢喝乌龙和普洱的族群。每天淡然于一种固定的节奏中，这也正是他们在饮食中缺少诗意的表现。

通过茶来作文化比较，可以产生很多有趣的想头，而我感到最难解的是这样一个问题：英国从中国引进茶叶才三百多年，却构成了一种最普及的生活方式，而中国人喝茶的历史实在太久了，至今还彻底随意，仍有大量的人群对茶完全无缘，这是为什么？

在英国很难找到完全不喝茶的人，但在中国到处都是。我在台湾的朋友隐地先生，傍着那么好的台湾茶却坐怀不乱，只喝咖啡。哪天如果咖啡馆里轻轻的音乐与咖啡的风味不谐，他耳朵尖如利刺，立即听出，而且坐立不安，一定要去与经理交涉。那次他知道我爱喝茶而瞒着我到茶叶店买好茶，回来对我的惊讶描述使我确知他是第一次那么近距离地接触茶叶。看着这位年长的华文诗人，我简直难以置信。另一个特例就是这次与我一起考察欧洲的同伴邱志军先生。晚饭前在餐厅只要喝一口那种淡如清水的茶水，只一口，他居然可以整夜兴奋得血脉贲张，毫无睡意，直到旭日东升。

写到这里我笑了，因为又想起一件与茶有关的趣事。四川是中国茶文化的重地，我在那里有一位朋友天天做着与茶有关的社会事务，高朋如云，见多识广，但他的太太对茶却一窍不通。春节那天有四位朋友约来拜年，沏出四杯茶招待，朋友没喝就告辞了，主人便出门送客。他太太收拾客厅时深为四杯没喝过的好茶可惜，便全部仰脖喝了。但等到喝下才想起，丈夫说过，这茶喝到第三杯才喝出味道，于是照此办理，十二杯下肚。据那位主人后来告诉我，送客回家才片刻时间，只见太太两眼发光，行动不便，当然一夜无眠，只听腹鸣如潮。我笑他夸张，谁知他太太在旁正色告诉我："这是我第一回也是最后一回喝茶。"

英国人思维自由而生态不自由，说喝下午茶便全民普及，同时同态，鲜有例外；中国人思维不自由而生态自由，管你什么国粹、遗产，诗意、文化，全然不理，各行其是，最普及的事情也有大量的民众不参与、不知道。

日本茶道

蒋子龙

日本茶道世界有名。为什么有名？

提起日本茶道我也肃然起敬——这是那种茫无所知的“起敬”。既没有真实好感，也无确切的恶感。只是通过屏幕和照片感到那喝茶的仪式、那气氛不一般，也许真有什么讲究……

日本茶道首推千宗室，俗称茶道王国的国王，千家又分里千家和外千家。请我们去喝茶的是里千家。

一条长满青苔的石子小路通向绿色灌木丛的深处。走进去便见一所漂亮的木房子掩映在茂密的绿树林中，门口立着一块石碑：

千宗旦居＋遗迹　今日庵

千宗旦是里千家第三世的宗室，如今的鹏云斋已是里千家的第十五世宗室。主人在门口跪着迎接，我感到不安，急忙脱鞋进屋。主人先领我们来到一间十分昏暗的房间，没有窗户也没有电灯或蜡烛，笼罩着一股神秘而紧张的气氛。主人再次冲着我们跪下，我们也只好相对而跪。眼睛逐渐适应了黑暗，勉强能看清主人的面目，我感到有点不对劲儿。根据照片我猜测里千家的十五世主人应是六十岁以上，眼前这位下跪者不过四十几岁。他看出我的疑惑，递过名片，原来他是里千家今日庵茶室的国际局局长。

天哪，这里还设有国际局，一共有多少局？

局长再次把头埋下去表示歉意，他说主人临时有急事被召到东京去了……我反倒松了一口气，倘若他家主人在，一个六十多岁的老人，也这样起来跪下、跪下起来，他受得了，我们受不了；膝盖受得了，精神也受不了。既然邀请我们的主人不在，我就可以见机告退，或者叫这位国际局局长仪式从简，符合“国际惯例”。

我们没有在那间小黑屋里跪得太久，便开始参观今日庵。

从外面看，像个坐落在原始森林里的守林人小屋，进到里面却大得很，像个封闭的木结构小城。转了一圈我也没有弄清它的结构，也看不出共有多少间房子，一个屋接一个屋，地板上铺着榻榻米，优雅，洁净。每间屋子都空荡荡，没有家具，没有摆设。有间屋子里立着千家的祖宗牌位，还有一间房里摆着端午节的木娃娃和粽子。窗户上不安玻璃，糊着绵纸。

我突然想起京都的二条城，它差不多等于古代的皇宫，规模很大，但建筑工艺粗糙，一座又一座的大房子，每间屋子里同样空空荡荡。除去墙上有壁画，地上铺着榻榻米，什么东西也没有，没有其他国家的皇宫或贵族之家里少不了的古玩珍宝和值钱的摆设物。是不是过去很穷？还是日本人天生生活简单喜欢节俭？

今日庵也是京都的一处“名胜史迹”，门口挂着“重要文化财”，即重点文物保护单位的牌子。庵里一些重要的地方都有一个清雅的名号，如过堂门叫大玄关，还有无色轩、又隐、寒云亭、咄咄斋、抛筌斋、又新、对流轩等。我却分不出它们的差别，房子一样，格式一样，榻榻米一样，又很少有装饰物区分，外国人很难一下子看出它们的不同之处。

倒是里千家流祖（一世）千利休书写的四个大字：“和敬清寂”，给我以深刻的印象，千利休说茶道的根本精神就是这四个字。

千宗室这样解释这四个字：

和——平和、人和，地球上的所有生命都以“和”为最高理想，它是永久不变的任何时代都不会灭亡的真理。

敬——尊敬长者，敬爱朋友和晚辈。

清——洁净，幽静，心平气静的境界。

寂——茶道美学的最高境界，即闲寂，幽雅。

“知己去欲，凝神沉思”之后达到的心满意足的悠闲境界。

千利休似乎深谙禅学，他的理论帮助我忽然间一下子提起了对茶道的兴趣。日本人是想通过茶道提高精神生活的质量，从而找到一个正确生活的答案。

我们被领进“又新”茶室，这里为了照顾外国人设置了古朴而精美的小桌小凳，不必跪着喝茶，气氛愈加肃穆和神圣，真是敬茶如神。

仆人先端上点心来。也许不是仆人，而是主人的儿子或者是国际局的干部，一个个五官端正，身着和服，有武士的风度和顺从。

国际局局长见缝插针地介绍茶道的历史：

大约800年前，相当于中国的宋朝时期，日本的僧侣荣西到中国留学，主要学习禅宗临济宗，学成归来把茶籽也带回日本。最早，日本把茶当作僧侣坐禅用的兴奋剂和草药使用，后来荣西写了一本书《吃茶养生记》，喝茶的习惯开始慢慢传开，并和佛教禅宗结合，以宗教精神为本逐渐发展下来。1522年，里千家一世千利休提出“吃一碗之茶”，确立了日本茶道。

在局长讲解时，一位庄重的中年男人出场，坐在烧茶的位子上。他眼前摆着两只用黑色大漆漆得锃亮的木箱子，每只箱子两侧用橘红色的丝绳系着漂亮的蝴蝶结，像中国古典戏法的魔箱。一只箱子上放着蓝色的木水桶，一只箱子上放着水壶，中间的小桌上放着长把儿木勺、碗、茶叶罐、刷子等物。

那中年人沏茶的动作极其优美、潇洒、准确，形成规范和程式，像舞台上的戏剧演员，一举手一投足都有一定之规，舀一小勺茶叶（其实是茶叶粉），放进碗里，再用木勺舀一点开水放进去，然后用竹刷子像搅粥一样搅匀。名为茶，实际是茶粥，在碗底一点点。

仆人把它毕恭毕敬地端给我。

国际局局长在旁边提醒我，为了表示对主人的尊敬和感谢，不能他怎么递给你你就怎么喝，要将碗向右旋转180度，左手托着碗底，右手扶着碗帮，一饮而尽。最好嘴里发出嗞儿嗞儿的声音，表示这茶很香。

隆重，繁琐，故作神秘。

充其量不足一口，略有苦味，喝进去很容易，发出香甜的声音则很难。

最初茶道只限于贵族、武士、僧侣等上层阶级享用，自明治维新（1868年）以后才开始在民间普及。千宗室的茶道是日本独特的综合性文化传统之一，包含着艺术、宗教、哲学、道德等多方面的素养。应该主客之间边饮边谈，即所谓“一碗茶中的和平”“一碗茶中的友爱”——这才是茶道的真正涵义，通过茶和语言追求人类友爱的本性。

只有一碗茶，看来只能靠“谈”和繁琐的形式去寻找爱和美。

喝茶这道主要的程序完成之后，仆人又为我们每人端上来一碗薄茶，可能学名叫酶茶，这就难以下咽了。出来后有人说像方便面里的调料，有人说像味精。

我早就想起身告辞了，国际局局长却坚定不移地贯彻喝茶和谈话相结合的方针，继续介绍茶道文化：

“中国是日本茶道的故乡。鹏云斋宗室两次率领由500人组成的‘日中文化交流里千家之船’访问中国。”

为了喝上半口茶粥用去好几个小时。

又觉得很有收益，听日本懂茶道的人讲茶道比喝茶本身更有味。中国南方的茶馆文化，尤其是功夫茶和广东的早茶，似乎也应该从理论上总结提高一下，特别要提到艺术、宗教、哲学、道德的高度来认识，来加以宣扬……什么事一旦形成一套完整的理论就不一般了。

生命里美丽的风景

——逛伊朗茶室

尤今

从来没有看过任何人像伊朗人一样，将茶喝成了生命里一道不变的美丽风景。泡茶的全神贯注，喝茶的心无旁骛，好茶好水因此未被辜负。

大大小小的茶室遍布全国各地，奢华得让人眼花缭乱的，简陋得令人望而却步的，铺陈得花里胡哨的，摆设得古色古香的，都有，全有。每到一个城市，我便到处去探听当地最具特色的茶室在哪儿，而按图寻骥的结果，往往是乘兴而去，尽兴而返。

全市最美丽的茶室

每个不同城市的茶室，都有与众不同而让人津津乐道的特点。

印象最深的，是坐落于伊斯法罕（Isfahan）的茶室。

伊斯法罕是伊朗的故都，位于中部，是目前伊朗的第三大城。这儿没有破坏景观的高楼大厦，也没有川流不息的车辆，全城弥漫着一种悠闲恬淡的气氛，洋溢着一种古雅朴实的气息。

全市最美丽的茶室设在那道历史长达三百余年的朱瑞桥梁（Joui Bridge）下。一迈进门，我便大大地怔住了。哇，那布置，简直是“超级夸张”——天花板和墙壁，密密麻麻地吊着、挂着、贴着、钉着各式各样的画作、毛毯、铜塑品、陶制品，还有许许多多盏棉质而绘上不同图案的圆形吊灯。最最奇怪的是，尽管装饰品如此密不透风地排列着，连半寸的空隙也没有，然而，坐在这个面积不大的茶室里，却丝毫没有局促的感觉，反之，有一种恍若置身于古老博物院的雅致感。

到此茶室来的茶客，很明显地有着一定的文化水平，有的全神贯注地遨游于书中世界，有的若有所思地对着本子振笔直书，有的对着窗外景色浮想联翩。那些结伴而来以享受闲谈之乐的，也识趣地把说话的声量调得很低很低，尽量不扰及他人。清风徐来，河水潺潺，说不尽的诗情画意。

暮色是傍晚八时过后才一点一点地从窗子里渗透进来的，然后，然后呢，茶室里吊着那棉质的灯，一盏一盏好似着了魔一样地亮了起来、亮了起来，当灯亮起时，绘在灯罩上的图案也清晰地显示出来，每盏灯都有一个不同的图案，整间茶室，霎时变成了一个五彩缤纷的童话世界，着实美得叫人魂飞魄散。

入夜之后，我到伊斯法罕另一间设在皇家广场（Iman Square）店铺顶层的露天茶室去，却又领略了另一番全然不同的风情。整个广场，无数灿烂而又密集的灯火不断地闪烁颤动，像情人的眼波般飞出了致命的诱惑。茶客三三两两地坐着，啜茶、观赏夜景、话东道西。

当他们快活地喝着茶时，我却快活地看他们喝茶。

伊朗典型的茶室风光：茶客啜茶、抽水烟、闲聊、交朋友、谈生意。

伊朗人喝茶，有个很奇特的方式——琥珀色的茶，盛在小巧玲珑的玻璃杯子里，喝茶时，糖块不是放进茶里搅和的，而是直接放入口中，再去啜茶。伊朗的糖，呈现不规则的结晶体，一片片薄薄的，晶亮的黄色，轻轻一咬，"咔咔"数声，糖片分崩离析，再悠悠然地把茶啜入嘴里，让它慢慢地与口内的甜味中和，在味蕾上泛起一圈又一圈的令人心驰神往的涟漪。有些糖片还镶嵌着柠檬皮，一咬，满嘴生津，这时，赶紧将略带涩味的茶灌入口中，以舌尖略略搅和，那种甘醇已极的好味道，足以使头发"轰"的一声全都直直地立起来。当然，一般较为简陋的茶室，并不备有这些薄片糖晶，仅仅只供给一般化的方块白糖。伊朗人惯常的做法是：以拇指和食指拈着糖块，蘸了蘸茶，放进口里，等它在舌上欲融未融之际，便啜茶入口，与糖中和。

坦白说吧，我最初对伊朗人这种喝茶方式觉得很不适应，有一种"脱裤放屁"的感觉，可是，后来，入乡随俗，竟也爱上了——同一杯茶，竟能品尝到不同层次的甜味，层层推进，渐入佳境，好像是我们所期待的人生。

一天十五六杯茶

许多伊朗人每天非茶不饮，而每天喝茶的次数也多得惊人，许多伊朗人告诉我，一天十五六杯是最起码的。有位伊朗朋友说得好：

“伊朗禁酒，我们便以茶代酒，提神、健身、醒胃、清肠，全靠它。”

茶室，对于大部分伊朗人来说，是以茶会友的地方，也是谈生意的好场所。几乎每间茶室都出租水烟，握着水烟管咕嘟咕嘟地吸食的同时，一宗宗生意也就不知不觉地谈成了。

有些茶室，名气极响，但却未能留给人名副其实的好印象。

在南部古城设拉子（Shiraz），有个占地极阔而又设计极美的陵园，纪念的是伊朗举国著名的诗人 Hafaz，陵园附设茶室，在我想象中，茶室既设在诗魂缠绕的陵园之内，必定是清静幽雅的，结果呢，恰恰相反。茶室中央，有个方形的水池，水池上面俗里俗气地托着一个巨型水烟壶作为装饰品，水池四周，摆满了桌子，桌边坐满了人，抽水烟的，以浓浊的烟味严重地污染了原本清新的空气；啜茶的不专心品茗，却以响亮得令人生厌的声音制造语言的垃圾，这里那里随处抛掷，整个地方，乌烟瘴气，噪声充斥，我只坐了十分钟，便飞也似的逃走了。严格说起来，让人受不了的，其实不是那间茶室，而是那一堆没有妥善地利用那间茶室的人。

男女必须分开坐

倾心喜欢却又曾经让我生气不已的，是伊朗北部大城大不里士(Tabriz)那间桑葚茶室。这间别具风味的露天茶室，就设在成排桑葚树下。正是果子成熟季节，一串一串丰满多汁的桑葚自得其乐地荡在茂密的枝叶间，一步入茶室，悦目的绿，便像骤然降下的雨，深深浅浅而又斑斑驳驳地落得满头满脸都是。

正欢喜难抑地走着时，冷不防有人暴喝一声：“止步！”一位白须老头僵直地立在眼前，冷冷地说：“女人，去另一边坐！”另一边？哪一边？我狐疑地看着他。他以手指了指另一个隔了一堵矮墙的狭窄通道。我好奇地探头看了看，那儿，疏疏落落地放了三四张桌子，半个人影也没有。白髯老头一脸固执地说：“根据我们这儿的规矩，男女必须分开坐。”规矩？这是哪门子的规矩？我生气了，冷冷地应道：“我是游客，我想，我不必受这道条规的约束。再说，我已经逛过了伊朗七个城市，上了无数次茶室喝茶，从来没有人告诉我伊朗有这么一条规矩的！”白髯老头气得涨红了脸，正气势汹汹地想要反斥时，其他茶客却七嘴八舌地开腔代我说项了，白髯老头粗声粗气地反驳。就在双方吵得不可开交时，我觑了个空儿，速速跨着大步走了进去，找了个位子，安安稳稳地坐了下来，“嘿嘿，鹬蚌相争，渔人得利呢”，我一面想，一面快乐地对自己微笑。

白髯老头站在原地，满怀不快而又无可奈何地瞪着我，口中喃喃地动着，仿佛在咬碎一些恶毒得出不了口的话。其实，说起来，我也不是真的想喝那杯茶，只不过是想争那一口气罢了，而今，当真争“赢”了，却又觉得捧在手里那杯茶特别可口，特别香醇。拂面的轻风夹杂着桑葚成熟了的那一股甜香的气息，仰头看时，颗颗桑葚宛如粒粒小巧玲珑的绿玉，在午后温煦的阳光里闪着一圈一圈可爱绝顶的笑影。站了起来，摘了一串吃，哇，甜入心坎！

那天，在那间露天茶室，足足坐了三个小时，喝了整十杯茶，以自助方式吃了无数无数桑葚。啊，那种什么也不做、“时而千思时而无思”的感觉竟是如此难忘而美好。

终于明白了为什么伊朗人将茶喝成了生命里一道不变的美丽风景。

我们吃下午茶去

董桥

茶有茶道，咖啡无道；茶神秘，咖啡则很波希米亚。套罗兰·巴特的说法，茶是英国人的“图腾饮料”，每天上下午两顿茶点是人权的甜品，只剩午饭晚宴之后才喝咖啡，硬说餐后喝奶茶是俗夫所为，没有教养，宁愿自讨苦喝，喝不加糖不加牛奶的黑咖啡死充社会地位，还要忍受外国人笑他们煮出来的咖啡味道像“弄湿了的脏衣袖拧出来的水”！幸好 James Laver 幽默解嘲，写茶经说咖啡提神，烈酒催眠，十八世纪法国人大喝咖啡，出了一批会编百科全书的鸿儒；这批鸿儒要是一边喝酒一边辩论学问，结果不是挥刀宰掉对手就是沉沉入睡；茶则喝了既不会催眠也不至好辩，反而心平气和，难怪英国人有“忍让的气度”云云。其实，当年英国东印度公司垄断茶市的手段并不“忍让”，终于在美利坚惹出茶叶其党、独立其事。

懂得茶的文化，大半就讲究品茗正道了：有一位长辈来信开玩笑说：“茶叶虽好，用煤气炉代石灶，不锈钢壶代瓦锅，自来水代名泉，自不免大煞风景。”知堂老人主张喝茶以绿茶为正宗，说是加糖加牛奶的红茶没有什么意味，对 George Gissing《草堂随笔》冬之卷里写下午茶的那段话很不以为然。吉辛到底是文章大家，也真领悟得出下午茶三昧，落笔考究得像英国名瓷茶具，白里透彩，又实用又堪清玩：午后冷雨溟蒙，散步回家换上拖鞋，披旧外套，蜷进书斋软椅里等喝下午茶，那一刻的一丝闲情逸致，他写来不但不琐碎，反见智慧。笔锋回转处，少不了点一点满架好书、几幅图画、一管烟斗、三两知己；说是生客闯来啜茗不啻渎神，旧朋串门喝茶不亦快哉！见外、孤僻到了带几分客气的傲慢，实在好玩，不输明代写《茶疏》的许然明：宾朋杂沓，止堪交错觥筹；乍会泛交，仅须常品酬酢；唯素心同调，彼此畅适，清言雄辩，脱略形骸，始可呼童篝火，汲水点汤。

到了女仆端上茶来，吉辛看见她换了一身爽净的衣裙，烤面包烤出一脸醉红，神采越显得焕发了。这时，繁琐的家事她是不说的，只挑一两句吉利话逗主人一乐，然后笑嘻嘻退到暖烘烘的厨房吃她自己那份下午茶。茶边温馨，淡淡描来，欲隐还现，好得很！

茶味常常教人联想到人情味，不然不会有“茶与同情”之说；偏偏十八世纪的 Jonas Hanway 不知分寸，骂人家的侍女喝茶太狂，茶容憔悴，又骂修路工人偷闲喝茶，算出一百万名工人一年工作两百八十天，每人每十二个工作小时扣掉一小时冲茶喝茶，英国国库每年亏损五十八万三千三百三十三英镑！老实说，这些贵族是存心不让工人阶级向他们看齐：东印度公司操纵茶市一百年左右，伦敦茶价每磅值四英镑，只有贵族富家才喝得起，那期间，欧洲其他国家先后压低茶税，次级茶叶这才源源输英，只售两先令一磅，普罗大众纷纷尝到茶的滋味了！英国色情刊物至今还刊登不少中产妇女勾引劳力壮汉喝茶上床的艳事，虽是小说家言，毕竟揶揄了詹姆斯·翰威这种身心两亏的伪丈夫。

小说家费尔丁老早认定“爱情与流言是调茶最好的糖”，果然，十九世纪中叶一位公爵夫人安娜发明下午茶会之后，闺秀名媛的笑声泪影都照进白银白瓷的茶具之中，在雅致的碎花桌布、黄瓜面包、蛋糕方糖之间搅出茶杯里的分分合合。从此，妇女与茶给文学平添不少酸甜浓淡的灵感：Dorothy Parker 的 *The Last Tea* 和 V.S. Pritehett 的 *Tea with Mrs. Bittell* 都是短篇，但纸短情长，个中茶里乾坤，已足教人细想古人“饮啜”之论所谓一壶之茶，只堪再巡；初巡鲜美，再则甘醇，三巡意欲尽矣，乃以“初巡为婷婷袅袅十三馀，再巡为碧玉破瓜年，三巡以来，绿叶成荫矣”！

后来，英国争取女权运动的人为烧水沏茶的家庭主妇和女工发出了愤怒的吼声。著名的专栏作家 Katharine Whitehorn 在《观察家报》撰文抱怨妇女以泡茶消磨光阴最是无聊：“有人说：‘没有茶，谁活得下去？’叫他们去死，他们就活得下去了。我说茶是英国病。”又说，“英国家庭生活劳人伤神，正是家家户户穷吃茶这件混账事惹出来的。”可是，“最后一次茶叙”是什么情调呢？巴克小说里那个穿巧克力色西装的年轻人坐到餐桌边，戴着人造山茶花的女人已经在那儿坐了四十分钟了。“我迟到了，”他说，“对不起要你等。”“我的老天！”她说，“我也刚到了一下。我想喝茶想死了，一进门赶紧叫了一杯来再说。其实我也迟到了。我刚坐下来不到一分钟。”“那还好，”他说，“当心当心，别搁那么多糖——一块够了。快把那些蛋糕拿走。糟糕！我心情糟透了！”她说，“是吗？到底出了什么事了？”“没事。”

“煎茶烧香，总是清事，不妨躬身执劳”，正好消磨无聊光阴，英国茶痴怎么可以不学这点气度？茶杯里的风波最乏味。当年《笨拙》杂志一幅漫画的说明说：“要是这杯是咖啡，那我要茶；可是要是这杯是茶，那我偏要咖啡。”吉辛的女仆走了。吉辛茶杯里的茶还堪再巡：我们吃下午茶去！

藏家酥油茶

王宗仁

从一定意义上讲，酥油茶是西藏的象征，就像提起奶茶人们就会想到蒙古包一样。到了西藏，特别是绕着拉萨的八角街转一圈，你身上会粘一层浓浓的包括酥油茶味在内的西藏气味。回到内地后洗了澡换了衣服，那气味也不会消散。所以有人说，去一趟西藏不痛痛快快地喝一顿酥油茶将会终生遗憾。可是内地人别说喝酥油茶，就是闻一闻那股味也不习惯，恶心，吐。前年，我在日喀则一户牧民家做客，同去的朋友小秦端着主人递上来的酥油茶就是张不开口，后来碍于情面好歹喝了少半杯。可是一出主人的藏楼，就翻肠倒胃地吐了一地。

现在我对喝酥油茶当然是很习惯了，那种独特的“绕鼻三日”，长久不散的茶味，好爽心！如果一年半载闻不到酥油茶，竟然感到生活有些枯燥。可是，回忆起我第一次喝酥油茶时，那龇牙咧嘴的情景，真寒碜人。

我喝酥油茶起于三年自然灾害时期，那时，我们这些军人的口粮减少了，所谓“瓜菜代”就是那个年代的特定产物。我们青藏高原部队的代食品是一种叫作野麻根的野生植物和野牦牛、黄羊肉（那时候人们几乎没有保护野生动物的观念），不管是肉还是根，都粗而韧，嚼在嘴里像木片一样，很难下咽，好不容易送进胃里，又难以消化。没出一个月，我们这些兵就吃腻了，一到开饭时就犯愁。

我们只好借助酥油茶了。它能帮助消化，又能产生很高的热量，御寒，在高寒区生活以食肉为主的藏民是少不了它的。我们只要有机会接触藏族牧民，总会讨几口酥油茶。我记得当时两分钱就能换一碗酥油茶，当然也有很大方的兵，一甩手就给牧民五分钱。

藏北谷露兵站旁边住着一户游牧而来的牧民，母女两人放牧着一头牦牛、三只羊，生活拮据。我们每次去她们家求酥油茶喝，母女俩总是笑脸相迎。我们喝的酥油茶都是现做出来的，照例是女儿操作。直到现在回想起来，我还为姑娘那熟练和精巧的打酥油茶的动作而折服：她先拿出一块砖茶，用水煮成极浓的汁状，之后将茶汁倒入酥油茶桶，放入酥油和食盐。开始打酥油了，只见姑娘站在桶旁，双手紧握“甲罗”（一种木制搅拌器），很有节奏地上下抽动着。抽上来时她的双手高高举过头顶，压下去时她的肩膀微微倾斜，给人的感觉她马上就要倒在酥油桶上了，但是没有，她很及时地将身子向后仰去,搅拌器随之又提了起来。她那双动人的美丽的眼睛,随着摆动的身体一会儿仰望，一会儿俯视，那真是一双会说话的眼睛呀!大约十多分钟后,桶里的几种食物变得水乳交融,这就是未煮熟的酥油茶了,加热、煮沸后，即可食用。

姑娘端上酥油茶递给我们每个人，她说，两分钱管饱，敞开喝，不要客气！我是个新兵，第一次喝酥油茶，姑娘端着酥油茶一递上来，扑来的那股味使我一阵恶心，险些晕倒。这时姑娘那高山流泉般的笑声马上缓和了紧张的气氛，她说：“这位兵哥哥，你真没有福分，酥油茶是我们藏家很贵重的吃物，你却不能喝。来，看我怎么教你，闭上眼睛，喝！”我很听话地把双眼闭上，她把碗放到我嘴边，可是我刚喝了一口，就吐了出来！我实在闻不惯那股倒人胃口的味儿。

姑娘惋惜地说：“下回吧，我相信总有一天你会找上门来喝我的酥油茶。”

告别藏族母女俩，我们回到了兵站。晚上我口干舌燥，班长把军用水壶递过来，说：“喝吧！”我接过水壶，一仰脖子咕咚咕咚全灌进肚子里。喝完，觉得今天这水有点异样，甜丝丝的，好香啊！我问班长：“你给水壶里放糖了？”班长哈哈一乐：“谁放糖啦，是那个藏族姑娘给你灌了一壶酥油茶！”

粗饮茶

张承志

自幼看惯了母亲喝茶。她总说那是她唯一的嗜好，接过我们买来的茶时，她常自责地笑道：“怎么我就改不了呢？非要喝这一口！”

那时太穷，买不起“茶”，她只喝“茶叶末”。四毛钱一两的花茶末，被我记得清清楚楚。后来有钱了，“茶”却消失了，哪怕百元二百元一两的花茶，色浊味淡，沏来一试，满腹生疑。干脆再买来塑料袋装的便宜货，与昂贵的高级花茶各沏一杯，母亲和我喝过后，都觉不出任何高下之别。苦笑以后，母亲饮茶再也不问质地价格；我呢，对花茶全无信任，一天天改向喝绿茶或者——姑且说“粗茶”。

提笔前意识到：以中国之辽阔，人民之穷窘，所谓粗茶之饮一定五花八门不胜其多。我的一盏之饮，也仅限于内蒙古、哈萨克和回三族的部分地区，岂敢指尾做身，妄充茶论！

在尝到蒙古奶茶之前，我先在“大串联”时期喝过藏族的奶茶。

后来我才懂得他们比蒙古人更彻底地以茶代饭。藏民熬茶后加入酥油，这个词又在北亚各牧区各有其解。当然，说清楚游牧民族的黄油、酥油、奶油不是一个易事，难怪日本学者总听不懂；因为他们对这些其实是奶制品的油只有一个词描述，而且是外来语：Butter。加酥油的茶拌上炒青稞面，就是使伟大的吐蕃文明温饱生衍的糌粑。汉人们吃不惯，觉得酥油茶是惩罚，因此住一阵就溜，而酥油还算奢侈；第二碗糌粑是用“达拉”拌的，达拉就是脱脂后的酸奶。一般人们一餐两碗糌粑，一碗用酥油一碗用达拉——然后再慢慢喝茶。

蒙古人的文明可能并非与西藏同源，他们喝奶茶时不吃面，吃米。与粗糙的青稞面对应的是粗糙的带壳糜子，蒙语译为“黑米”。主妇用一个铁箍束住的圆树干挖成的舂筒，装进炒熟的黑米，有空就捣。那种家务活儿很烦人，插队时我经常被女人们抓差，抱着杵，一边捣一边问：“行了吧？”

——在奶茶里泡上些新舂出来的黑米，刚脱壳和炒得半焦的米，使这顿茶喷香无比；当然，我们不像高寒的西藏，我们还往茶里泡进奶皮子、奶豆腐。有时，比如严冬泡进肥瘦的羊肉，喜庆时泡进土制的月饼。

蒙古牧民的奶茶用铁锅熬。砖茶被斧子劈下来（大概蒙古女人唯此一件事摸斧子），再用皮子或布片垫着砸碎。茶投入滚锅，女人一手扶住长袍前襟，一手用一只铜勺把茶舀起又注回锅里。加一勺奶，再注进，再舀起——那仪态非常迷人，它如一个幻象永远地印在了我的记忆里。

然后投进一撮盐池运来的青盐。

蒙古牧民用小圆碗喝茶。儿童用木碗，大人用瓷碗。景德镇出产的带有透明斑点的蓝边细瓷碗，特别是连景德镇也未曾留意的“龙碗”——最受青睐。吃着饮着，空腹饱暖了，疲乏退去了，消息交换了，事情决定了。

那一勺奶举足轻重。首先它是贫富的区分，“喝黑茶的过去”，说着便觉得感伤。今日若碰上个懒媳妇没有预备下奶，倒给一碗黑茶，喝茶人即使打马回家时，心里也是愤愤的。

字面意义的六十年代，我在草原上的茶生活，基本上靠的是无味的黑茶。奶牛太少，畜群分工，牧羊户没有牛奶。蒙古牧民不能容忍，于是夏天挤山羊奶——也许是古代度荒的穷人技能。奶茶都是在牧民家喝的，而且集中在夏季。舂黑米，饮黑茶，那全套旧式的日子，大概只有今天流行的民族学社会学的博士们羡慕了。当年的我们并没有在意，历史特别宠爱我们这一代，它在合上本子之前让我们瞟了瞟最后一页。

即便在炎热的骄阳曝烤之后，蒙古牧民不取生冷，忌饮凉茶，晒得黑红的人推门弯腰，脚迈进来时嘴里问的是：“有热茶吗？”

待客必须端出茶来，这是起码的草原礼性。对白天串包的放羊人，对风尘仆仆的牧马人更是如此。而寻求充饥的男人则必须有肚子，不能咽吞不下。还需要会一种舐舌嚼的饮茶法，漫谈时舒服地躺在包角，半碗茶放着不动；要走时端起碗，把它在虎口之间转着，舌头一舐，奶茶一冲，嚼上几口——炒米奶食的一顿茶就顿时结束。然后立起身来，说完剩下的几句，推门告辞。

我就学不会这种饮茶法，有时简直讨厌炒米。我的舌头每舐只粘一层米，而碗里的却愈泡愈涨，逼得人最后像吞沙子似的把米用茶冲下胃。而且不敢争辩；因为不会喝茶，显然是因为没挨过饿，闯荡吃苦的经历太少。

今年夏天我回去避暑，一进门就是一句“空茶”。这是我硬译的，也可还原为“空喝”，就是不要往碗里放米、奶豆腐，只喝奶茶。其实阿巴哈纳尔一带风俗就与我们乌珠穆沁不同，人家把奶食炒米盛为一盘，听便客人自取，主妇只管添茶。我曾经耐心地多次向嫂子介绍，无奈改不了她的乌珠穆沁习惯。

习惯真是个不可理喻的东西。北京知识青年里有不少对，移居城市两口子还遵从奶茶生活。一次我去东部出身的一对知识青年家喝茶，发现他们茶里无盐。我惊奇不已，这才知道东部几苏木的牧民茶俗不同。我们均是原籍西乌旗的移民家住熟的知识青年，茶滚加盐绝不可少，居然和他们旧东乌旗残部再教育出来的知识青年格格不入。

蒙古奶茶的最妙处，要在寒冷的隆冬体会。不用说与郑板桥“晨起无事，扫地焚香，烹茶洗砚”相反。其时疾风哀号，摧摇骨墙，天窗戛然几裂，冻毡闷声折断。被头呵气结冰，靴里马鬃铁硬，火烤前胸，风吹后背。嫂子早用黄油煮熟小米，锅里刚刚熬成奶茶。抽刀搬肉，于红白相间处削下一片，挑在灶筒壁上。油烟嗞嗞爆响，浓香如同热量。吃它几片以后，再烙烤一片胸杈白肉，泡在米中。茶不停添，口连连啜。半个时辰后，肚里羊肉、黄油饭、滚茶样样热烫，活力才泛到头脚腰背。这时抖擞精神，跳起穿衣，垫靴马鬃已经烤干。系上帽带，抓起马嚼，猛一推门，冲进铺天盖地狂风怒号的风雪之中，大吼一声：好大的雪啊！随即大步踏进风雪找马。

其时里外已被寒风侵透，但是满肠热茶，人不知冷——严酷的又一个冬日，就这样开始。

没有料到的只是：从此我染上了痛饮奶茶的癖习，以后数十年天南地北，这爱癖再也无法改掉。

刚刚接触突厥语各族的茶生活时，我的心里是既好奇又挑剔。对哈萨克人的奶茶滋味，虽然口中满是浓香，心里却总嫌他们少了一“熬”——哈萨克的奶茶是沏兑的。但是很快我就折服了。

伊犁牧区的柯扎依部落，在饮用奶茶时的讲究，不断地使人联想到他们驻牧地域的地理特性。他们显然接受了波斯，甚至接受了印度和土耳其或地中海南岸的某种影响。一只造型优美的大茶炊是不可少的，旁边顺次排开鲜奶、奶酪、黄油以及一小碟盐。另一只是浓酽超度的、事先煮好的茶，当然更不可少的是主妇：她继承了古老的女人待茶的风俗，把一撮盐、一块黄油、一勺奶皮子、一碗底鲜奶依序放进碗里，然后注入半碗或三分之一碗酽茶。最后倾过大茶炊，滚沸的开水冒着白烟冲进碗中，香味和淡黄的颜色突然满溢出来。

然后她欠身递茶，先敬来宾、尊敬老者。她在自己喝的时候，留意着毡帐里每个人的碗，随时放下自己的碗，再为别人新沏。这一点，女人在这种时候的修养和传统，通行北亚诸族毫无区别，我猜它古老之极。

常有美丽的少妇蹲在炊前侍茶，她们不会接过话头，大多根本不答。最后一角的老者接过话题，让答问依主人的规矩继续进行。

第二碗下肚以后，头上汗珠涔涔。这就要补充关于碗的事：哈萨克牧区喜用大海碗。我尽管在早期用蒙古龙碗对之质疑，但是后来，我懂了，让滚热的奶茶不仅暖和肚肠，还要让它使全身发汗，让人彻底从内脏向四肢松弛暖透，最后让心里的疲惫完全散尽——非用柯扎依部落的这种大碗不可。

在天山中，一名骑手或游子目击了过多的刺激。梦幻般的山中湖已经失去了，但从雪峰上远远瞥见了它。鞍上已经没有叉子枪甚至没有一把七寸刀子，但在小路上看见了野兽。冬季暖日，看见大块的积雪从松梢上湿漉漉地跌下，露出的松枝和森林都是黛青色的。牧场如此峻峭，道路如此险恶，从亲戚家的老祖母的乃孜勒回家一路，有那么多大大小小的事情发生。事情经常令人不快，而天山如此美貌——矛盾的牧人需要休息，需要用浓浓的香奶茶把累了的心泡一泡。

在新疆走得多了，我被哈萨克的奶茶逐渐改造，以至于开始为它到处宣传。也许是由于疲累的纠缠，我变得“渴茶”。我总盼望到哈萨克人家里去，放松身心，喝个淋漓痛快，让汗出透，让郁闷发散。北京有两家哈族朋友，他们已经熟悉了我的内心，总是不问时间地在我敲门进屋以后，马上就开始兑茶。

哈族式奶茶的全食不是炒米，是油炸的面果子包尔撒克，这个人人都知道。哈式饮茶重要的是音乐。毡旁挂着一柄冬不拉，奶茶几巡之后，客人就问到这柄琴。他并不说弹。主人递给他后，话题便转到琴上；不知不觉谁弹了起来，突厥的空气浓郁地呈现了。他们是一个文学性非常强的集团，修辞高雅，富于形容，民歌采用圆舞曲的三拍子。

这样，在天山北麓的茶生活就不单是休憩和游牧流程的环节，它在和谐的伴奏中，发育着丰满的情调。

视野中又不仅仅是单调草海，而是美不胜收的天山。蓝松，白雪，无论沉重或者欢快总悄然存美感——所谓良辰美景对应心事，所谓“四美”，好像差一丁点就会齐备。

那时禁不住赞叹。茶后人们都觉得应该捧起双手，感谢给予的创造者。我的概叹还多着一层，我反复地联想起蒙古草原，想着我该怎样回答这样的经历。

最后是个砖茶的输入问题。砖茶是农耕中华和游牧民族之间的联系。古语有“茶马交易”，一句千钧。确实，唯有这句概括本质。其余比如“绢马交易”就未必影响远及牧区奥深；宋与西夏之间的“青白盐之争”更是地理决定历史。一个游牧社会，尤其是一个纯粹的游牧社会，它可以不依存农耕世界繁衍和生存下去，只要给它茶。

不穿绢布可以有皮衣，不食粟米可以“以肉为食酪为浆”，茫茫草海虽然缺乏，但并非没有盐池。草原蕴藏复杂，自远古就盛行黄金饰具和冶铁术。

——只是，生理的平衡要求着茶。要浓茶，要劲大味足易于搬进的茶。多多益善，粗末不拘。于是，川茶、湖茶、湘茶应召而至，从不知多么久远的古代就被制成硬硬的砖头状，运向长城各口，销往整个欧亚内大陆的牧人世界。

唉，砖茶，包括湖北四川的茶场工人在内，有谁知道砖茶对牧民的重要呢？同样的青黑砖茶，在蒙哈两大地域里，又受到了不同的鉴赏。哈萨克人把色极黑、极坚硬的砖茶，描写式地称作 Tascai，即“石头茶”。对另外几种压制松紧和色泽不同的砖茶，不作过分严格的区分和好恶。据我看，他们饮用更多的是蒙古人称之“黄茶”的黄绿色、近两寸厚、质地比较松软的砖茶——而这种黄茶被蒙古牧民视为性凉、不暖、比“石头茶”差得多的劣等货。乌珠穆沁牧民坚持认为石头般的 Hsracai（黑茶）性热、补人，甚至能够入药。

成人之后又走进第三块大地，在肃杀荒凉的黄土高原度世。我在数不清的砖房、厦子房、土夯院、窑洞和卵石屋里，结交农户，攀谈掌故，吃面片，饮粗茶，一眨眼十数年。

在河州四乡，人们喝的是春尖茶。产地多是云南，铺子里都是大簸箩散装。摊铺主人经营茶叶买卖多是几辈子历史，用两张粗草纸，把一斤春尖包成两个梯形的方块锭子，再罩上一张红艳的土印经字都哇纸，绳儿转过几转，提上这么两锭茶，就是最入俗的礼性。

春尖茶也大多含些土，沏水前要把茶叶先扑抖一番。渐渐泡开的茶原来都是大叶，仿佛没有打砖压型的茯茶一般。我心里有时琢磨，春尖茶和蒙疆两地使用的砖茶，味道不同，源头不一，只一个“粗”字概括着它们的共性。粗茶对着穷日月。慢慢地，我几乎要立志饮遍天下的穷人茶，为这一类不上《茶经》的饮品做个科学研究。

不过在甘宁青，黄土高原的茶饮多用盖碗子。这种碗用着麻烦，其中诀窍是——有一个伺候茶的人，在一旁时时掀开碗盖续水。做客的不必过谦，尽管放下便聊天扯磨，由着那侍者提着滚开的壶添水。确实那仅仅是添一口水；盖碗子里面，民俗礼节要求碗口溢满。

在清真寺里闲谈最方便：一个眉清目秀的小满拉，永远一头津津有味地听，一头微倾开水壶，注上那一口水。若是话题重大，他添水时更加庄重，注水时不易察觉地嘴角一动，轻轻地自语一声“比斯民俩西”。

在农民家炕头上也没有两样，大都是晚辈的家儿子或者侄儿子斟水。女人不露面。似我一来再来的客，日久熟识了，女人不再规避，也只是立在门口听。她若倒茶，要先递给自家男人，再转给客。贫穷封闭僻壤，民风粗粝。一旦有缘和那些农民交了朋友，便觉得揪面片子喷香诱人，春尖粗茶深有三昧。老人们立在屋角，过意不去地说：“山里，寻不上个细茶，怕是喝不惯？”而我却发觉，就像内蒙新疆一样，所谓 Xiar、Hara 和 Tas，所谓春尖和粗细的种种命名分类，其实都是后来人比附。在茶叶和茶砖的产地，一定另有名称和茶农、茶工的职业见解。南北千里之隔，人们径自各按各的方式看待这些茶，其中观念差之千里。若说还有什么相通之处，也许只在一个“粗”字。

粗茶的极致，是西海固的罐罐茶。

我是在久闻其名之后才喝到了它的。当然我完全没有料到，这种茶居然与我发生了那么深刻的关系。我还懂了：其实贫瘠甲天下的排名，未必就一定数得上西海固。若以罐罐茶为标志划分，就我陋见，甘肃的朗县也许才是第一。

满掌裂茧的粗黑大手，小心翼翼地撮来一束枯干的细枝。不是树枝，是草丛中或者能算木本的、一些豆细的蓬蓬干枝。架起的火苗只有一股。这火苗轻轻舐着一个细筒（约一尺高、寸半粗细、熏烧得焦黑的铁直筒）

的底儿，而关节粗壮的手指又捏起一撮柴，颤颤抖抖地添在火上。铁筒有个把子，焊在顶沿。煮的水，并不是满罐，而是一盅。茶是砸碎的末，而且，是蒙古人称作“黑”、哈萨克称为“石头”的砖茶末子。

令人拍案惊奇的是，如同一握之草的那几撮细枯枝，居然把罐罐煮开了！我判定是因为那寸半的底面积：火虽细，攻一点。惊叹间，火熄了，主人殷勤地立起身，恭敬地给客人斟上。果然只有一盅，罐筒里不剩一滴。

客人推辞不过，持盏慢饮，茶味苦中微甜，呷着觉得那么金贵。火已经又燃起，头一罐罐是客人的——主人解释着。而炕上有三四人围坐，都微笑，欢喜这罐罐茶给客人添了个新鲜。煮滚的第二罐又不是主人家的，炕上一个老汉半推着接过杯盏。三一罐罐，四一罐罐，最后的一个罐才轮到主人家——又称奇的是：头一罐敬客的茶还没有饮完。

于是大家娓娓而谈。水早已注上，火苗还在舐着罐底。很快新一轮的头一罐，又斟进了客人的杯盏里：怪的是，如此久熬，茶依然酽酽的。我十余年横断半个大西北，仕过数不尽的村庄，后来饮这种罐罐茶上瘾忘情，伴着这茶听够了农民的心事也和农民一起经了不少世事——我没有见过有谁换茶叶或者添茶叶。

茶是无望岁月里唯一的奢侈。若是有段经文禁茶，人们早把这残存的欲望戒了，或者说把这一撮茶钱省了。而罐罐茶，它确实奇异，千炖百熬，它不单不褪茶色而且愈熬愈浓，愈炖愈香！

在西海固的三百大山里，条条沟里的村庄都睡了。出门小解，夜空五月，深蓝的天穹繁星满布。四顾漆黑，只有我们一户亮着灯火。爬回炕上，连说睡，睡，话题却又挑出一个要紧故事。人兴奋了，支起半个身子说得绘声绘色。

“娃！起给！架火熬些茶！”于是乖巧的儿子蹦下炕，捅着了炉子。年年我一来，他们就弄些煤炭，支起炉火。罐罐茶用煤火炖，多少是浪费了些。

半夜三更，趴在炕上盖着被，手里端着一碗滚烫的罐罐茶。小口喝着，心里不仅热乎而且觉得神奇。茶不显得多么浓，只是有一丝微涩的甜味留在舌尖。我们有时压低声音，好像怕隔墙的妇人女子的耳朵听了去。有时禁不住嗓高声大，一抖擞，掀翻了被子。旋即又自己不好意思，赶紧侧着卧下。人啊人，生在世上行走一遭，如此的情义和亲密，究竟能得着几分呢？想着，仰脖咽下一大口，苦苦的甜味一直沁穿了肚肠。

不只是居城，即便乡下和草原，新的饮茶潮流也在萌动。

也许是因为砖茶产自南方，毕竟不够清真；或者是由于品尝口味的提高——近年来又是由操突厥语的奶茶民族领先，开始了使用红茶煮奶茶的革命。蒙古人同步地迎合了改革，内蒙出现了工业生产的奶茶粉。

我用一个保守分子的眼光，分别对上述新事物怀疑过。但是，红茶熬出的奶茶，澄不出一点泥渣；伊利牌的速溶奶茶粉与乌珠穆沁女人们烧出来的茶相比，不只惟妙惟肖，甚至凝着同样的一薄层奶皮。

不管民众怎样清苦，不管他们就在今年也可能颗粒不收，从山里到川里，从青海到甘肃，黑白电视，简易沙发，已经慢腾腾地出现在农民的庄户里。“细茶”一词，正在愈来愈多地挂上他们嘴头，就像“Haohua”（豪华）成了一个蒙语借词一样。

——历史真的就要合上最后的一页，悄然而生硬。

一个银闪闪的考究托盘递了过来，上面满刻着波斯的细密画图案。盘

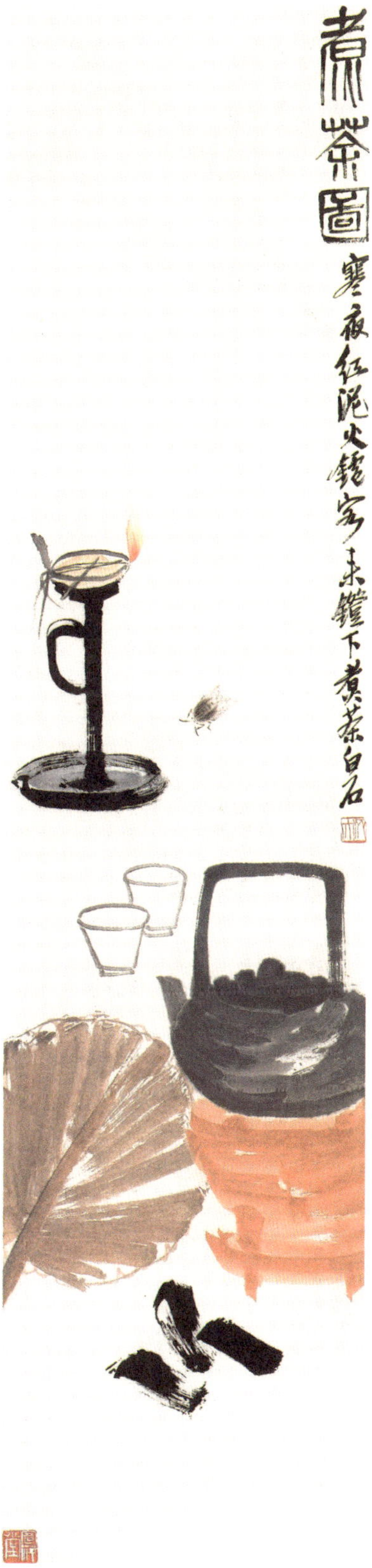

东西齐备了，便着手来煎，这个火候最难，据说妙诀便在东坡的“蟹眼已过鱼眼生，飕飕欲作松分鸣”这两句诗里，照他的话来说是，“细沫徐起，是为蟹眼，少顷巨沫跳珠，是为鱼眼，时则微响初闻，则松风鸣也。自蟹眼时即出水一二匙，至松风鸣时复入之以止其沸，即下茶叶，大约铫水半斤，受叶两钱，少顷水再沸，如奔涛溅沫，而茶成矣。”

雅品则可分为两种，一为文人骚客聚而饮之，饮时必写诗唱和，共笔作画，一闲对百忙，真风雅不过；另一为独人独马，独处一地，独饮一壶。择清幽地，就地汲水煮茗。水必活水，茶必好叶，茶具亦必上等品位，讲质讲色讲形。倘条件具备，背靠碧绿之山，面对清澈之水，一张竹几，一块石凳，且有几枝竹或菊相伴左右。茶煮在炉上，水火相战，如听松涛，斟入杯中，清芬扑鼻。喝茶喝到这地步，也算进入佳境了。

某一个安静的夜，捧住一杯新沏的春茶，突然对于茶的美妙有了一种醍醐灌顶式的顿悟，茶的无可比拟的绿色，茶的无可比拟的香气，果然就在手边，果然就在嘴里。从此便放不下手中的一杯清茗。

若是薄云小雨天气，窗外竹树烟翠，花含苞，人悠闲，案头小灯晶莹，此时净手沏茶，就算粗茶配了个缺角杯，饮来，也格外耳聪目明。

所谓佳茗，在我看来，即是茶、壶、人一体。

所以，我随心所欲饮茶。

中有一只杯，半盏棕黄色、喷香细腻的奶茶，在静静地望着我。红茶煮透后的苦涩，被雪白的牛奶中和了，轻轻啜了一口，这新世纪的奶茶口感很正，香而细，没有杂味。

我沉吟着，端着茶杯心中怅然。那么多的情景奔来眼底。冬不拉伴奏的和平，嫂子铜勺下的瀑布，黄土大山里的星夜，都一一浮现出来。那时我不是在做“诗人的流浪”，那时我和他们一起流汗劳累。那时我是一个孩子，不引人注意，在辽阔的秘境自由出入。如今饮着纯正红茶和全脂牛奶煮成的香茶，却觉得关山次第远去，人在别离。

我随着时间的大潮，既然连他们都放弃了黑黄砖系，也就改用了红茶鲜奶过冬。暑季则喝完全是凉性的绿茶，甚至是日本茶消夏。只是，一端起茶我就感到若有所动。我虽然不多说出来，但总爱在一斟一饮之间回味。

防风神茶

张抗抗

知道"防风神茶"其实是二○○一年的春天了。此前将近半个世纪的时间里，我仅仅只听说过德清一带是"防风古国"的属地,并未听说过"防风神茶"这一古风尚存的民间饮品。

幸而那年德清县史志办的表兄姚达人和德清县文联副主席杨振华先生来探望我母亲，带来了两盒德清三合乡自产的"防风神茶"，当我终于弄清楚这"防风神茶"即是我童年时代熟悉并喜爱的"烘豆茶"，我竟然像是见到了一位离去多年的老友，心里生出些微的感动。

小时候，每逢暑假和春节，妈妈定是要带我去德清洛舍镇的外婆家住些日子的。

在镇上的亲戚家串门，几乎家家都会给客人沏上一杯烘豆茶。这茶必用中式的瓷盖碗沏泡，底座有托盅，掀开杯盖，瓷碗上大下小，碗口略敞，可见满至碗口三分之二处的水上，漂着几丝金黄色的橘皮和几片绿色的茶叶，一粒粒小如草籽儿的黑点点在水中悠悠沉浮；眼尖尖地往碗里盯下去看，有十几粒碧绿的青豆，皱皱地静躺在碗底。绿的绿黄的黄黑的黑，几种不同的色彩在水里上下晃着，很生动的样子，像一只五色斑斓的金鱼缸，煞是好看。大人说：盖上盖上，等会儿再喝。不多时，再次掀开碗盖，那茶水渐渐就显出颜色来了，一池清澈透亮的浅绿，从青豆里浸润出来的汁液溶在水里了。

乡里人说，这是烘豆茶。只有德清这地方的人吃呢，城里是买不到的。

小心地喝一口，一股清香味扑鼻而来。咬着一丝橘皮，滑溜溜的有些酸涩；嚼到一粒黑草籽，在齿下嘎嘣一声脆响，有奇香袭来；奇怪的是那茶水略有咸味，解渴又爽口的。几道开水续过，茶水已淡，喝到见底，有人递过筷子，说你将那些青豆夹来吃罢。青豆已被茶水泡胀，肥壮饱满，吃在嘴里，韧得很有嚼头，嚼着嚼着，满嘴是香了……

曾好奇地问：这黑色的小草籽是什么呢？香得我嘴馋。

——野芝麻。乡下也叫卜芝麻，山坡地边都有，秋后剪下枝条，晾在匾中晒干了，像收油菜籽那样敲几下，一粒粒野芝麻就从荚里掉下来，形若小米，炒熟了，比芝麻还香……

烘豆茶的味道真的很特别，从此一直留在我童年的记忆中。可惜到了六十年代后期，烘豆茶突然消失得无影无踪，随后是很多年——几乎整个七八十年代的空白。曾经问过外婆，外婆说农民的自留地都没有了，青豆自然也没有了。那些青豆采下、剥开、用盐水煮熟，然后要在微红的炭火上慢慢烘烤熏制，很费工夫的。那时节谁还有那样的闲心和工夫呢？于是烘豆茶就被当成资本主义尾巴割掉了。

怅然之下，我曾以为此生再也喝不到烘豆茶了。

到了九十年代，一次回杭州探家，妈妈在厨房里忙了好一会儿，端出一只茶杯，很神秘地说："给你吃一样东西，是亲戚从洛舍送来的，不知你还记不记得呢？"

掀开杯盖，我闻到了童年的气息，从水天一色的洛舍漾上飘来——我思念的烘豆茶，奇迹般地出现在眼前。绿的绿黄的黄黑的黑，颜色真是配得和谐沉稳，青豆橘皮野芝麻胡萝卜丝还有少许茶叶，在水中斑驳交错起伏，如同一群从远方归来的游鱼。

德清外婆家的烘豆茶回来的日子，就像外婆远走的在天之灵，重又回来看望我们了。

那以后，凡有德清老家的亲戚给妈妈送来烘豆茶，妈妈必定会分出其中一部分，亲自从邮局寄往北京。一小包绿得青翠的烘豆、一小瓶橘皮和野芝麻拌好的"调料"。然后，我独自一人在厨房来回走动，开水在炉子上响起来，还有杯盏清脆的碰撞声。我虔诚而隆重地沏泡烘豆茶，就像在完成一种神圣的祭祀仪式。

曾有一次用它来招待我的北方客人，烘豆茶端上之前，很神秘地作了渲染，示意此茶是何等珍贵。忙碌了一番之后，上茶了，客人揭开杯盖，小心啜一口，脸上的表情有些复杂。我得意又紧张地问：怎么样，味道很特别吧？客人们面面相觑，不出声地咀嚼着，少顷，终有人忍不住反问说：这茶，怎么是咸的呢？就像菜汤，对，这明明是一碗汤嘛……

真是很扫兴。忽然明白，一个人幼年的记忆，其实是无法与人分享的。

烘豆茶之风味特色，恰恰就在微咸略苦的奇香之中。在偏爱甜食的江南，这稍带咸味的烘豆茶，确实是与众不同。其实它全部的妙处，就在于烘熏青豆以及腌制橘皮芝麻时，用了微量的盐。温温的茶水经过咽喉的那个瞬间，我能感觉到青豆在水中浸出的咸汁中所蕴含的勇气和力量，还有一种与如今江南民风迥然相异的粗犷与野性。

“防风神茶”的突然归来，令我欢喜备至。从烘豆茶到防风神茶，并非摇身一变，而是一个换回了自己原先旧衣衫的故人。几十年过去，我依然认识他，熟悉他身上飘散出的来自远古的气息，英武洒脱，然而凄然悲怆。

童年在洛舍外婆家，曾听过民间流传的有关防风氏的神话故事，可惜年代久远，竟然记不下多少了。只知防风氏是古越先祖，夏禹时代杭嘉湖地区的一位诸侯，也是治水英雄，据说身材奇高。达人表兄后来为我寄来了有关“防风氏”的资料，方知四千年前，位于钱塘江流域与太湖流域间的防风古国，其统治中心方圆百里，包括今湖州市所属德清、长兴、安吉三县。德清二都的封山（俗称防风山）、禹山（俗称长子山）和下渚湖（俗称防风湖）是当时风景优美的地区。源自天目山的东苕溪，经瓶窑、安溪与二都下渚湖相连。近年来发掘的良渚文化遗迹，亦可寻见防风古国与其相关的种种渊源。当时已进入父系氏族社会末期，农业生产开始开渠排涝、养殖水稻蚕桑；良渚黑陶、手工业、开矿冶炼、水上交通和舟运亦已渐成气候，私有制逐步兴起，防风古国呈现出一片兴盛情景。

据《史记·孔子世家》中记载，公元前二一九八年，中原华夏部落军事联盟的最高首领夏禹巡视江南，在今绍兴会稽山召集各地诸侯会议。因防风氏曾劝阻并反对禹企图破坏原始民主禅让制度、传位于其子启的决定，于是禹借赴会迟到之罪，杀害了防风氏，制造了我国历史上第一桩千古冤案。防风国的先民纷纷外迁出逃，防风国也因此日渐衰微……

人们一直赞颂夏禹，却规避了夏禹执意“开创世袭制”先例的这一重要事实。

如此看来，防风氏是一位具有原始民主意识的斗士。我的德清外婆家丰饶的鱼米之乡，在远古竟然曾是一片孤独而自由的土地。

防风氏悲壮地乘鹤西去。只有四千年前防风古国的“烘豆茶”，仍在德清一带民间流传至今。有学者认为，但凡“防风神茶”流传的地区，也是防风古国所属地域的有力佐证。

如今，在德清三合乡二都封山之麓，下渚湖之滨的防风王庙原址上，已重建起防风氏祠，再铸防风氏塑像。祠前树立了“防风神茶记”碑。碑文如下：

防风神茶记

吾乡为防风古国之封疆。相传防风受禹命治水，劳苦莫名。里人以橙子皮、野芝麻沏茶为其祛湿气并进烘青豆作茶点。防风偶将豆倾入茶汤并食之，尔后神力大增，治水功成。如此吃茶法，累代相沿，蔚成乡风。此烘豆茶之由来，或誉防风神茶。然作料因地而异，炒黄豆、橘子皮、笋干尖、胡萝卜，不一而足，各有千秋。但均较此间烘豆茶晚出。邑产佳茗著录茶经，风味更具特色，宜乎有中国烘豆茶发祥地之桂冠也。爰为立碑纪念，茶人蔡泉宝策划，县乡领导主与其事，并勒贞珉传之久远。

丙子十月谷旦卢前撰文 郭涌书丹

从此，每逢农历八月二十五日，自发前来祭拜防风氏的乡人无数。

防风氏殁后，防风国的古代文明依然在民间流传。延至唐宋，距二都西十余里的上柏报恩寺，以及周边许多寺庙，均受防风古国地域茶文化的影响而崇尚茶道。相传历代名流如陆羽、苏轼、沈括、康熙皇帝，都曾到过防风古国地区的二都、三合、洛舍等地游玩，考察风土民情。防风古国的山水茶汁，也养育了孟郊、俞樾、俞平伯等一批杰出的文人学者。

然而，防风氏以性命相争的禅让制，在漫长的悠悠岁月中，却已被世袭制所替代并延续四千余年。细细品尝那微咸的茶水，咀嚼着韧性的青豆橘皮，我竟闻到了血与汗的苦涩气味。我想防风氏定是死不瞑目的——也许，他留下这“防风神茶”，正是以期为世人洗心醒目。如今江南的烘豆茶风味依旧，然而，防风氏的风骨却难以寻觅了。

太行山油灯下饮茶记

李庄

抗日战争期间，一阕名歌《在太行山上》，道尽太行万千好处，我时时都想吟诵的。但太行也有一个天生弱点：缺水，太缺水，缺到没有到过太行的人难以想象的程度。

我在太行深处住过几个山村，那里没有山泉，没有河流，没有水井，村民都吃旱井储存的雨水。那真是一种奇妙的创造：在山石间选块黄土斜坡，挖个几十米的深井，口小肚阔，像个坛子。内壁用胶泥涂匀，防止渗漏。下雨天打开井口，注满雨水，用石板、胶泥封紧，不使蒸发。一个山村挖十多口旱井，编了号，按照乡规限量取水，真能做到涓滴必争。

部队、机关住在村里，绝对不许同村民争用旱井中水，都是自行到有山泉处汲运。水少人多，只能配给。早晨，炊事员分水，一人一碗，刷牙洗脸，自行调剂。这样不大不小的困难终于度过了，人的生存力实在是大。

1943年秋天，我们从左权县一个山村向涉县的桃城村转移。九十华里，背着背包，未到目的地已精疲力竭了。前队有人突然喊："水，水，大家注意，水！"长途行军，需要鼓励，这水比曹操发现的梅子管用得多，鼓劲，提神，于是背包轻了，腿也硬了。潺潺流水，粼粼波光，木构小桥，青白踏石，直把人带进神话世界。太行山还有这种地方！难道到了江南水乡？不是江南，胜似江南。那鲜红的柿子，压弯枝丫，常常碰到行人的头。那碧绿的核桃（核桃未成熟前，果实硬壳外还包有厚厚的绿皮，成熟后绿皮脱落），发出阵阵清香，江南有吗？

渠水是从清漳河截了来的。从此我们便在清漳河边住下来。

这大概是太行山最不缺水的地方。灌溉田亩，饮育人畜，还供人沐浴洗衣。后者也不是小事，特别对我们这些穿军衣还不是很久的"学生仔"。诗人高咏写过组诗《清漳儿女》，很受人喜爱。我不大读新诗，对他的大作却常常看看。记得有一首诗写村姑在河边浣衣的，其中有句："微风抚摩她挽起的秀发，淡然一笑，红手儿又泡进绿水里。"有人说这诗有"小资产阶级情调"，我却没有看得出来。高咏当时二十多岁，中等身材，江南人秀丽的面孔，戴一副金丝眼镜，举止儒雅，这在当时很招人注目。他以国新社记者的身份在太行敌后工作，写过不少歌颂太行军民的诗歌、通讯。不幸同许多烈士一起，在反"扫荡"战争中牺牲了。因当时战斗紧张、环境动荡，追悼会也来不及开，估计作品也散失了。谨利用这个机会，写几句话，怀念这位青年诗人。

太行山，人们的印象是山高谷深，巍峨险峻。清漳河边可不同，风光不同，景物不同，以至村名都不同。我们驻村叫桃城，周围十多里内，温村、长乐、赤岸（一二九师刘、邓司令部驻地）、弹音（晋冀鲁豫边区政府驻地）、悬钟……都十分好听。我请教村中长者，这些村名是何人何时起的？都不记得，只说老辈子就这么叫。这也是一种文化，比我在太行深处住过的一些村庄的大名：狼卧沟、刀把咀、胡家疙塔、大小羊角好听多了。

说这些题外话，其实都是为袁鹰见出的一个题目作铺垫：没有清漳河的水，就没有我们当时那种大概是前无古人后无来者的“茶文化”。

自从上了太行山，就同茶绝缘了。买不起，也买不到。不需要它帮助消化，也不需要它辅助营养——这两个问题，每天吃的那些野菜都解决了。因此，慢慢也就忘了茶。

但是出现了奇迹。漳河水渠边，生长一种野薄荷，一年生草本植物，两尺多高，叶子狭长，有薄荷的淡淡清香。晒干、揉碎，装在旱烟斗里，虽然比不上正牌烟叶，但比公认的优等代用品桑叶要好。吸到嘴里，凉凉的，有点辣，略带苦头，但无邪味，且不“要火”（有的烟叶常常在烟斗中自行熄灭，需重新点燃，当地乡民谓之“要火”）。这宝贝还有一个大优点：生命力很强，在渠边自生，任君采摘，不发生违反群众纪律的问题。说不清是谁有了更重要的发现，它不仅能代烟，而且能代茶，甚至可以说就是一种茶叶。取几片新鲜叶子，在渠水中洗净，用滚水泡开，立刻出现一碗淡绿茶汤。叶子舒展展的，横在饭碗里。这碗口阔底平，从不委屈它们那颀长的身子。茶叶微苦，但不涩；有些凉，但不刺人；还有些甜，不知来自清漳河水，还是茶叶本身。这哪是代用品，简直是正儿八经的茶叶。

从此，我们的“精神会餐”更丰富了。

“精神会餐”是我们重要的或唯一的业余享受。工作完了，睡眠之前，夏夜在打麦场上，冬夜围着泥堆的火炉，谈论今古。内容不出各人家乡的美食、特产、名膳、文物以及各人有过的好朋友、意中人，总之是令人神往的事物。这种“会餐”，互相补益知识，鼓励热爱生活，为美好前途奋斗。在紧张的艰苦的又深具信心的集体生活中，不失为一件好事。

由此想到几年前看过的一些描写战争生活的影片。在纵横交错的堑壕中，突然出现一株小花或一只小鸟，受到战士的怜惜、爱抚、保护，引起许多思念、憧憬、追求，作出无畏、豪迈、悲壮的文章。这大抵是外国影片的创造，我们移植过来的。但我总觉得不大真实。我未同敌人打过“交手仗”，但跟着战士爬过战壕。那是生死搏斗的地方，枪弹随时可能飞过来，机枪随时可能扫过来，哇哇怪叫的敌人随时可能冲过来。这时士兵要做的两件事，一是加固工事，二是抓紧时间休息，准备下一轮的厮杀，谁有那种闲情逸致！

但人总有七情六欲。部队休整期间，就像我们在不是反“扫荡”的“和平”时候，来一点“精神会餐”，谈过去值得思念的事物，谈胜利以后的美妙安排。这是一种心态，一种享受，一种精神力量。我们顺利度过艰难岁月，它也有一份功劳。

非常可惜，在我们的“精神会餐”中，茶总找不到自己的位置。过春节，大抵能够吃到一次猪羊肉，但不能喝到一碗什么茶。茶在我们记忆中消失了，实在对不起它。

在漳河边，冬季品茶，兴味最浓。夏天，公务员提半桶开水，从伙房走到我们办公室，热气渐渐散失，用它泡薄荷茶，叶子舒展不开。那水桶是煤油桶改制的，打水、盛菜通用，水的杂味盖住茶的香味，只能解渴用。冬季不同，一个两尺多高的泥堆火炉蹲在房子中央，大大的搪瓷缸放在火上，冒出阵阵热气，发出咝咝的响声。灯是有了缺口的饭碗，贮半碗核桃油，旧棉絮做的灯芯从缺口探出头来。“一灯如豆”是文人笔法，我们这灯的光焰总有枣儿大，照在农舍的泥墙上，深沉，幽邃，比现今那浅薄的电灯满室、一目了然的华屋古雅得多。大家围着火炉坐下，用滚开的水把薄荷叶泡得展展的，颜色看不清楚，香味却十分浓郁，品茶是享受，解渴也是享受，这时我们终于能以前者为主，后者为辅了。

太行山冬夜很长，我们的“精神会餐”，或曰无题目谈论，范围也拉得很广。大家都搞文字工作，大体也不出这个范围。二十多岁年纪，读书本来不多，手头书籍更少，这种议论因而常常变成记忆力的竞赛。

由于一场争论，帮我记下了一首戏作。我喜爱古典诗词，不很懂，偶尔也诌几句，看看无大意思，不想保存下来。这首《忆江南》中有句：“梦里依稀传心话，醒来口角有余香”，是思念一个人的。前一句，亦“借”亦“偷”，记不起原主谁人，七嘴八舌地争论起来。太行山祝捷、过节，有时也有点酒，柿子、枣儿酿的，性子很烈。也划拳，只是谁赢拳谁喝酒，因为酒少人多。这时当然无酒，我们以茶当酒，想起词主者奖一杯。无书据，无佐证，谁知是谁想对了？大家争胜，只好各饮一杯。

第二句出自我手，不需引书据典，随口就可评判。有人说不错，有人说不佳，特别是那个“有”字。于是争相“补白”，有人说应该用“留”，有人说不如用“泛”，有人说最好用“染”，连你的那个人也进去了。最后问我本人“高见”，文章当然是自己的好，我说还是不如那个“有”字。“不行，不行，太不谦虚，停饮一杯！”一人提议，众人响应，打油已毕，举碗同饮。莘莘青年，在我们党领导的根据地中，真不知道人间有忧愁事。

一盏清茗酬知音

古典名著中的茶香

刘心武

中国古典小说里，《三国演义》在生活细节的描写上是点到为止，比如刘备三顾茅庐，经历多次误会，又立候多时，方才终于见到“真佛”诸葛亮；二人叙礼毕，分宾主而坐，童子献茶，什么茶？不再交代，茶具、用水更略而不提。《水浒》则进了一步，对生活场景的描摹，有粗有细，拿写茶来说，就相当细致了。《水浒》中的“王婆贪贿说风情”等情节里，写到王婆的茶肆，那其实应该算是一个冷热饮店，不仅卖茶，也卖别的饮品，如王婆就主动给西门庆推荐过梅汤与和合汤。作者写这些细节，不光是留下了社会生活的斑斓图像，有助于展拓读者阅读时的想象空间，也是揭示人物心理、丰富人物性格的巧妙手段。梅汤，即酸梅汤，应是用酸梅合冰糖熬煮，再添加玫瑰汁桂花蕊等辅料，放凉后，再拌以天然冰碎屑兑成的夏日上等冷饮。王婆向西门庆推荐梅汤，是看穿了西门庆想勾搭潘金莲的野心，以此来暗示自己可以为其“做媒”。后来西门庆踅来踅去，傍晚又踅进王婆的店来，径去帘底下那座头上坐了，朝着武大门前只是顾望，王婆道：“大官人，吃个和合汤如何？”和合汤应是用百合、红枣、银耳、桂圆等炖煮的甜饮，一般用在婚宴上，作为最后一道菜，象征夫妻“百年好合”。王婆向西门庆推荐和合汤，是进一步向他暗示，自己有帮助他和潘金莲成就“好事”的能力。在《水浒》接下来的文本里，还写到了姜茶、宽煎叶儿茶，以及“点道茶，撒上些白松子、胡桃肉”等等，可谓茶香渐浓。

中国古典小说，彻底摆脱《三国》式的“讲史”，以及《水浒》式的“英雄传奇”，长篇大套地讲述俗世中芸芸众生的日常生活，描写最常态的衣食住行、七情六欲、生老病死，当推《金瓶梅》。《金瓶梅》里有不少露骨的色情描写，不但“少儿不宜”，就是对成年人，如果心性不够健康者，恐怕也确会产生出诲淫的负面作用。但《金瓶梅》那生动而细腻地描摹日常生活场景，镶金嵌玉般地铺排出令人目不暇接的种种细节，至少作为一个艺术流派的翘楚，是值得我们肯定、赞叹的。《金瓶梅》从《水浒》中“王婆贪贿说风情”前后的情节生发出它的故事，“借树开花”，起头的文字不仅是模仿，而且是爽性完全照搬，但在那嫁接的过程中，它也有了若干微妙的变化，比如写王婆点茶，《水浒》是“点道茶，撒上白松子、胡桃肉”，

《金瓶梅》就直书“胡桃松子泡茶”了。

在《金瓶梅》里，不仅写到王婆茶肆的茶，也写到市民家中自饮的茶与待客的茶。比如福仁泡茶，福仁即福建所产的橄榄仁，可以用来泡茶；盐笋芝麻木樨泡茶，盐笋应是盐渍过的笋干，这茶肯定有咸味；梅桂泼卤瓜仁泡茶，有专家指出“梅桂”即玫瑰，这茶大概是甜的；江南凤团雀舌芽茶，这是一种产量很小、极名贵的贡品茶，宋朝已值二十两黄金一饼，而且还往往是有价无市，想买也买不到；蜜蜡香茶，把蜜蜂窝压榨后可提炼出蜜蜂蜡，但俗话把根本出不来味道形容成“味同嚼蜡”，不知怎么当时有人用蜜蜡沏茶，怪哉！榛松泡茶，木樨青豆泡茶，咸樱桃的茶，土豆泡茶，芫荽芝麻茶……真是茶香阵阵，袭鼻催津。但是，看到如许多的关于茶的描写后，我们不禁要问：怎么当时（著书人所处的明朝，或前推到书中所托称的宋朝）人们饮茶，除了茶叶外，往往还要往茶盏里搁那么多其他的东西？又为什么，到清朝以后迄今，这种饮茶习惯竟几乎湮灭无存？

《金瓶梅》第七十二回，写到潘金莲为了讨好西门庆，“从新用纤手抹盏边水渍，点了一盏浓浓酽酽，芝麻盐笋栗系瓜仁核桃仁夹春不老海青拿天鹅木樨玫瑰泼卤六安雀舌芽茶，西门庆刚呷了一口，美味香甜，满心欢喜。”这盏茶，除正经茶叶六安雀舌芽茶外，竟一股脑儿加入了十种辅料！其中一看就懂的有芝麻、盐笋（干）、瓜仁、核桃、木樨（桂花）、玫瑰泼卤（玫瑰浓汁）六种，其余四种，栗系应是栗子切成的细丝，核桃仁里所夹的“春不老”应是一种剁碎的腌咸菜，“海青”可能是橄榄，“天鹅”可能是银杏即白果，“海青拿天鹅”可能是橄榄肉里嵌着白果肉。这哪里是茶，分明是一盏汤了！而且酸、甜、苦、辣、咸诸味齐备，固体多于液体，西门庆呷了一口后会觉得美味香甜，大概是“色狼之意不在茶”吧！

《红楼梦》承袭了《金瓶梅》“写日常生活”的艺术传统，但是，它起码在两点上大大地超越了《金瓶梅》，一是文本里浸透了浪漫气息与批判意识，表达了作者的一种人文情怀与社会理想；一是基本上摆脱了色情的描写套路，虽然也写性，却大体上是情色描写（“色情”与“情色”这两个概念的不同，容当另文阐释）。《红楼梦》里写茶的地方也很不少，但往茶汤里配那么多辅料的例子一个也没有了。

第三回写林黛玉初到荣国府，饭后丫头捧上茶来，林黛玉也算大宦人家出来的了，颇为纳闷——她家从养生角度考虑，是不兴饭后马上吃茶的啊——到后来才悟出，荣国府饭后那第一道茶是漱口的，盥手毕，那第二道，才是吃的茶。一个关于茶的细节，对展示贵族府第气派和揭示人物心理特征都起到了作用。

《红楼梦》第四十一回“栊翠庵茶品梅花雪”，不仅写到茶本身，还写到种种珍奇的茶具以及烹茶所用的水，“旧年蠲的雨水”已然令人感到“何其讲究乃尔”，谁知那妙玉给林黛玉等人吃体己茶时，更用了从太湖边上的玄墓蟠香寺里梅花上收的雪，是储在鬼脸青的花瓮里，埋在地下五年后才开出来的！在这一回关于品茶的描写中，不仅凸现出妙玉偏僻诡奇的性格，也通过成窑五彩小盖钟这个道具，草蛇灰线，绵延千里，为八十回后妙玉的命运结局埋下伏笔。我的“红学探佚小说”《妙玉之死》，便由这盏成瓷杯推衍开去，圆己一说。《红楼梦》里还出现过一盏枫露茶，是用香枫嫩叶，入甑蒸之，取其凝露，几次泡沁而成，这碗茶后来竟酿成丫头茜雪无辜被撵。而八十回后，茜雪又在贾宝玉陷狱时，出现在狱神庙中，我在《妙玉之死》中，写到了那一场景。古典名著中的茶香缥缈，既助我们消遣消闲，又为我们提供了多么开阔的想象空间，融注进了多么丰富的思想内涵啊！

再论吃茶

周作人

郝懿行《证俗文》一云：

“考茗饮之法始于汉末，而已萌芽于前汉，然其饮法未闻，或曰为饼咀食之，逮东汉末蜀吴之人始造茗饮。”据《世说》云，王濛好茶，人至辄饮之，士大夫甚以为苦，每欲候濛，必云今日有水厄。又《洛阳伽蓝记》说王肃归魏住洛阳初不食羊肉及酪浆等物，常饭鲫鱼羹，渴饮茗汁，京师士子见肃一饮一斗，号为漏卮。后来虽然王肃习于胡俗，至于说茗不中与酪作奴，又因彭城王的嘲戏，“自是朝贵宴会虽设茗饮，皆耻不复食，唯江表残民远来降者好之”，但因此可见六朝时南方吃茶的嗜好很是普遍，而且所吃的分量也很多。到了唐朝统一南北，这个风气遂大发达，有陆羽卢仝等人可以作证，不过那时的茶大约有点近于西人所吃的红茶或咖啡，与后世的清茶相去颇远。

明田艺衡《煮泉小品》云：

“唐人煎茶多用姜盐，故鸿渐云：‘初沸水合量，调之以盐味。’薛能诗：‘盐损添常戒，姜宜着更夸。’苏子瞻以为茶之中等，用姜煎信佳，盐则不可。余则以为二物皆水厄也，若山居饮水，少下二物以减岚气，或可耳，而有茶则此固无须也。至于今人荐茶类下茶果，此尤近俗，是纵佳者，能损真味，亦宜去之。且下果则必用匙，若金银大非山居之器，而铜又生腥，皆不可也。若旧称北人和以酥酪，蜀人入以白盐，此皆蛮饮，固不足责耳。人有以梅花菊花茉莉花荐茶者，虽风韵可赏，亦损茶味，如有佳茶亦无事此。”此言甚为清茶张目，其所根据盖在自然一点，如下文即很明了地表示此意：

“茶之团者片者皆出于碾硙之末，既损真味，复加油垢，即非佳品，总不若今之芽茶也，盖天然诸者自胜耳。芽茶以火作者为次，生晒者为上，亦更近自然，且断烟火气耳。”谢肇淛《五杂俎》十一亦有两则云：

“古人造茶，多舂令细末而蒸之，唐诗‘家僮隔竹敲茶臼’是也。至宋始用碾，揉而焙之则自本朝（案明朝）始也。但揉者恐不若细末之耐藏耳。”

“《文献通考》：‘茗有片有散。片者即龙团旧法，散者则不蒸而干之，如今之茶也。’始知南渡之后，茶渐以不蒸为贵矣。”清乾隆时茹敦和著《越言释》二卷，有撮泡茶一条，撮泡茶者即叶茶，撮茶叶入盖碗中而泡之也，其文云：

“《诗》云荼苦，《尔雅》苦荼，茶者荼之减笔字，前人已言之，今不复赘。茶理精于唐，茶事盛于宋，要无所谓撮泡茶者。今之撮泡茶或不知其所自，然在宋时有之，且自吾越人始之。案炒青之名已见于陆诗，而放翁《安国院试茶》之作有曰，我是江南桑苎家，汲泉闲品故园茶，只应碧缶苍鹰爪，可压红囊白雪芽。其自注曰，日铸以小瓶蜡纸，丹印封之，顾渚贮以红蓝缣囊，皆有岁贡。小瓶蜡纸至今犹然，日铸则越茶矣。不团不饼，而曰炒青曰苍龙爪，则撮泡矣。是撮泡者对碚茶言之也。又古者茶必有点。无论其为碚茶为撮泡茶，必择一二佳果点之，谓之点茶。点茶者必于茶器正中处，故又谓之点心。此极是煞风景事，然里俗以此为恭敬，断不可少。岭南人往往用糖梅，吾越则好用红姜片子，他如莲药榛仁，无所不可。其后杂用果色，盈杯溢盏，略以瓯茶注之，谓之果子茶，已失点茶之旧矣。渐至盛筵贵客，累果高至尺余，又复雕鸾刻凤，缀绿攒红以为之饰，一茶之值乃至数金，谓之高茶，可观而不可食，虽名为茶，实与茶风马牛。又有从而反之者。聚诸干蔽烂煮之，和以糖蜜，谓之原汁茶，可以食矣，食竟则摩腹而起，盖疗饥之上药，非止渴之本谋，其于茶亦了无干涉也。他若莲子茶龙眼茶种种诸名色相沿成故，而糕餐饼饵皆名之为茶食，尤为可笑。由是撮泡之茶遂至为世诟病。凡事以费钱为贵耳，虽茶亦然，何必雅人深致哉。又江广间有礌茶，是姜盐煎茶遗制，尚存古意，未可与越人之高茶原汁茶同类而并讥之。”王侃著《巴山七种》，同治乙丑刻，其第五种曰《江州笔谈》，卷上有一则云：

“乾隆嘉庆间宦家宴客，自客至及入席时，以换茶多寡别礼之隆杀。其点茶花果相间，盐渍蜜渍以不失色香味为贵，春不尚兰，秋不尚桂，诸果亦然，大者用片，小者去核，空其中，均以镂刻争胜，有若为饤盘者，皆闺秀事也。茶匙用金银，托盘或银或铜，皆錾细花，髹漆皮盘则描金细花，盘之颜色式样人人各异，其中托碗处围圈高起一分，以约碗底，如托酒盏之护衣碟子。茶每至，主人捧盘递客，客起接盘自置于几。席罢乃啜叶茶一碗而散，主人不亲递也。今自客至及席罢皆用叶茶，言及换茶人多不解。又今之奈托子绝不见如舟如梧囊鄂者。事物之随时而变如此。”

予生也晚，已在马江战役之后，儿时有所见闻亦已后于栖清山人者将三十年了。但乡曲之间有时尚存古礼，原汁茶之名虽不曾听说，高茶则屡见，有时极精巧，多至五七层，状如浮屠，叠灯草为栏杆，染芝麻砌作种种花样，中列人物演故事，不过今不以供客，只用作新年祖像前陈设耳。因高茶而联想到的则有高果，旧日结婚祭祀时必用之，下为锡碗，其上立竹片，缚诸果高一尺许，大抵用荸荠金橘等物，而令人最不能忘记的却是甘蔗这一种，因为上边有“甘蔗菩萨”，以带皮红甘蔗削片，略加刻画，穿插成人物，甚古拙有趣，小时候分得此菩萨一尊，比有甘蔗吃更喜欢也。莲子等茶极常见，大概以莲子为最普通，杏酪龙眼为贵，芡栗已平凡，百合与扁豆茶则卑下矣。凡待客以结婚时宴“亲送”舅爷为最隆重，用三道茶，即杏酪莲子及叶茶，平常亲戚往来则叶茶之外亦设一果子茶，十九皆用莲子。范寅《越谚》卷中饮食门下，有茶料一条，注曰：“母以莲栗枣糖遗出嫁女，名此。”又畾茶一条注曰：“新妇煮莲栗枣，遍奉夫家戚族尊长卑幼，名此，又谓之喜茶。”此风至今犹存，即平日往来馈送用提盒，亦多以莲子白糖充数。儿童入书房拜蒙师，以茶盅若干副分装莲子白糖为礼，师照例可全收，似向来畾茶系致敬礼。此所谓茶又即是果子茶，为便利计乃用茶料充之，而茶料则以莲糖为之代表也。点茶用花今亦有之，唯不用鲜花临时冲入，改而为窨，取桂花茉莉珠兰等和茶叶中，密封待用。果已少用，但尚存橄榄一种，俗称元宝茶，新年入茶店多饮之取利市，色香均不恶，与茶尚不甚相忤，至于姜片等则未见有人用过。越中有一种茶盅，高约一寸许，口径二寸，有盖，与茶杯茶碗茶缸异，盖专以盛果子茶者，别有旧式者以银皮为里，外面系红木，近已少见，现所有者大抵皆陶制也。

茶本是树的叶子，摘来瀹汁喝喝，似乎是颇简单的事，事实却并不然。自吴至南宋将一千年，始由团片而用叶茶，至明大抵不入姜盐矣，然而点茶下花果，至今不尽改，若又变而为果羹，则几乎将与酪竞爽了。岂酾茶致敬，以叶茶为太清淡，改用果饵，茶终非吃不可，抑或留恋于古昔之膏香盐味，故仍于其中杂投华实，尝取浓厚的味道乎？均未可知也。南方虽另有果茶，但在茶店凭栏所饮的一碗碗的清茶却是道地的苦茗，即俗所谓龙井，自农工以至老相公盖无不如此，而北方民众多嗜香片，以双窨为贵，此则犹有古风存焉。不佞食酪而亦吃茶，茶常而酪不可常，故酪疏而茶亲，唯亦未必平反旧案，主茶而奴酪耳，此二者盖牛羊与草木之别，人性各有所近，其在不佞则稍喜草木之类也。

二十三年五月

［附记］大义汪氏《大宗祠祭规》，嘉庆七年刊，有汪龙庄序，其《祭器祭品式》一篇中云大厅中堂用水果五碗，注曰高尺三，神座前及大厅东西座各用水果五碗，注曰高一尺。案此即高果，萧山风俗盖与郡城同，但《越谚》中高果却失载不知何也。

茶

钟敬文

近来因为在山里常常看到茶园，不禁想说点与茶有关的零碎话儿。茶树，是一种躯干矮小的植物，这是我早年所不知道的。在我那时的想象中，它是和桑槐一样高大的植物。直到两三年前，偶然在某山路旁看见了，才晓得自己以前的妄揣的好笑。世间的广大，我们所知道的、意想的，实在不免窄小或差误得太远了。“辽东豕”一类的笑话，在素号贤博者，也时或无法免除的吧。

自然，物品味道的本身，是很有关系的；但最大的原因，还是因为日常应用得太普遍了吧，喝茶的情趣，无论如何，总不及喝酒的风雅。这当然不是说自来被传着关于它的逸事、隽语，是连鳞片都找不出来的。譬如“两腋生风”“诗卷茶灶”，这都是值得提出的不可淹没的佳话。但我们仍不能不说酒精是比它有力的大占着俊雅的风头的。举例是无须乎的，我们只要看诗人们的文籍中，关于“酒”字的题目是怎样多，那就可以明白茶是比较不很常齿于高雅之口的东西。话虽如此说，但烹茗、啜茗，仍然为文人、僧侣的清事之一。不过没有酒得力罢了。

吟咏到茶的诗句，合拢起来，自然是有着相当的数量的；可是此刻我脑子里遗忘得几等于零。翻书吧，不但疏懒，而且何必？我们所习诵的杜牧的“今日鬓丝禅榻畔，茶烟轻飏落花风”，虽然是说到茶的烟气的，但我却很爱这个诗句，并因之常常想起喝茶的滋味。“从来佳茗似佳人”，这是东坡的一句绮语。我虽然觉得它比拟得颇有些不类之诮，但对于茶总算是一个光荣的赞语吧。不知是哪位风雅之士，把此语与东坡另一句“欲把西湖比西子”作起对来，悬挂在西湖的游艇中。这也是件有趣的事吧。

岭表与江之南北，都是有名的产茶地方。因为采撷的工作者大都是妇女的缘故吧，所以采茶这种风俗，虽没有采莲、采菱等那样饶有风韵，但爱美的诗人和民间的歌者，不免把它作了有味的题材而歌咏着。屈大均所著的《广东新语》中，录有采茶歌数首，情致的缠绵，几于使人不敢轻视其为民间粗野的产品。记得幼时翻过的《岭南记事》里面，也载着很逗人爱的十二月采茶歌。某氏的《松萝采茶词》三十首，是诗坛中吟咏此种土俗的洋洋大著吧。就诗歌本身的情味来说，前两者好像较胜于后者（这也许是我个人偏颇的直观吧？），但后者全有英文的译词（见曼殊大师所著的《汉英文学因缘》*Chinese-English Poetry*），于声闻上，总算来得更为人所知了。

双双相伴采茶枝，细语叮咛莫要迟。
既恐梢头芽欲老，更防来日雨丝丝。

今日西山山色青，携篮候伴坐村亭。
小姑更觉娇痴惯，睡倚阑干唤不醒。

随便录出两首在这里，我们读了，可以晓得一点采茶女的苦心和憨态吧。

如果咖啡店可以代表近代西方人生活的情调，那么，代表东方人的，不能不算到那具有中古气味的“茶馆”吧。的确，再没有比茶馆更能够充分地表现出东方人那种悠闲、舒适的精神了。在那古老的或稍有装潢的茶厅里，一壶绿茶，两二朋侣，身体歪斜着，谈的是海阔天空的天，一任日影在外面慢慢地移过。此刻似乎只有闲裕才是他们的。有人曾说，东方人那种构一茅屋于山水深处幽居着的隐者心理，在西方是未易理解的。我想这种悠逸的茶馆生涯，恐于他们也一样是要茫然其所以的吧。近年来的东方化西方化的是非问题，闹得非常响亮；我没有这样大的勇气与学识，来作一度参战或妄图决判的工作。但东方人——狭一点说，中国人，这种地方，所表现的生活的内外的姿态，于西方人的显然有着不同，是再也无可怀疑的。

说到这里，我对于茶颇有点不很高兴的意态；倘不急转语峰，似乎要写成咒茶文来也未可知。还是让我以闲散的谈话始终这篇小品吧。有机会时，再来认真说一下所谓东西文化的大问题。

中国古代，似乎只有“荼”字没有“茶”字——据徐铉说，荼字就是后来的茶字。这大约因为那时我们汉族所居住的黄河流域，不是盛产茶的区域吧。又英语里的茶字作 tea，据说是译自汉语的，我们乡下的方言，读茶作 de，声音很相近；也许当时是从我们闽、广的福佬语里翻过去的也说不定呢。

高濂的《四时幽赏录》，是西湖风物知己的评价者；它在冬季的景物里，写着这样一段关于茗花的话：“两山种茶颇蕃，仲冬花发，若月笼万树。每每入山寻茶胜处，对花默共色笑，忽生一种幽香，深可人意。且花白若剪云绡，心黄俨抱檀屑。归折数枝，插觚为供。枝梢苞萼，颗颗俱开，足可一月清玩。更喜香沁枯肠，色怜青眼，素艳寒芳，自与春风姿态迥隔。悠闲佳客，孰过于君？”（《山头玩赏茗花》）碎踏韬光的积雪，岭峰的香梅，也在高寒中嗅遍，去年冬天，总不算辜负这湖上风光了吧。但却没有想到，没有想到这文人笔下极力描写着而为一般世人所不愿注意的茶花。今年的风雪来时，或容我有补过的机会吧。否则，两山茶树，或将以庸俗笑人了——谁能辩解，我们每天饮喝着它叶片的香气，于比较精华的花朵，反不能一度致赏！

煎茶

周作人

《亦报》邮寄偶有失落，请求补寄到来时大抵已迟了七八天了，勤孟先生的那篇《中国茶道》，因此也是刚刚看见的，却令我想起了震钧的《煎茶说》来。这收在《天咫偶闻》卷八中，据他说是根据陆羽《茶经》想出来的，读了觉得颇有道理，但没有试验过，因为准备稍微有点麻烦。茶叶倒不拘，碧螺春最好，次者天池龙井，别的也可以，要紧的是煮茶的砂铫，杉木炭去皮，这都不大好找。水则泉水，但雨水也可以。东西齐备了，便着手来煎，这个火候最难，据说妙诀便在东坡的

“蟹眼已过鱼眼生，飕飕欲作松分鸣”这两句诗里，照他的话来说是，“细沫徐起，是为蟹眼，少顷巨沫跳珠，是为鱼眼，时则微响初闻，则松风鸣也。自蟹眼时即出水一二匙，至松风鸣时复入之以止其沸，即下茶叶，大约铫水半斤，受叶两钱，少顷水再沸，如奔涛溅沫，而茶成矣”。

西洋人茶里加牛奶与糖，我们看了觉得好笑，其实用花果点茶也只是五十步之差，震钧却又笑今人以沸汤瀹茗，全是苦涩，这批评也不无道理。我想只用瓦壶炭炉，亦可试验，倘能成功，饮茶的方法人可改良一下，庶几不至于辜负了中国的名产，也是好的吧。

1951年2月14日

谈茶与友谊

林语堂

从人类的文化和幸福的观点上看来，我并不觉得人类史上有　样比吸烟、饮酒、喝茶更有意义，更重要，而且对于闲暇、友谊、交际与谈话的享受更有直接贡献的发明了。所有的三种事情都有几个共同点：第一，它们对文化的影响是多么的重大，以致我们的火车除了餐车之外也还有吸烟车，我们还有酒馆和茶馆。在中国与英国，喝茶至少已成了一种社交风尚。

对于烟、酒、茶的适当享受，是只有在闲暇、友谊与亲睦的氛围中才得有所发展的。因为只有具有伴侣生活感觉、慎交友、爱闲暇的人，才能享受烟、酒和茶的。没有了社交本质，那么这些东西便也没有什么意义了。享受这些东西与欣赏月亮、白雪以及花草一样，必须要有相当的友伴，因为这一点我是觉得便是中国的生活艺术家们往往所最坚持的。某种花必须与某种人共赏，某种风景又必须与某种女人共览。雨声如果要欣赏的话，也必须在夏日躺在深山寺院里的竹榻上欣赏。总之，最注重的便是情调，每种东西都各有其适当的情调的，而不适调的友伴则会把那种情调完全破坏。因此，一个生活的艺术家所最坚持的第一点，便是凡希望要享受生活的，其必要条件，便是必须去寻找一些情投意合的朋友，而且要不殚麻烦地去增进友谊，保持友情，像一个妻子拉住她丈夫一样，或像一个高明的棋手跋涉千里去访另一棋友一样。

这样的心旷神怡，周遭又有良好的朋友，我们便可以吃茶了。因为茶是为恬静的伴侣而设的，正如酒是为热闹的社交集会而设的。茶有一种本性，能带我们到人生的沉思默想的境界里去。在婴孩啼哭的时候喝茶，或与高谈阔论的男女喝茶，是和在雨天或阴天摘采茶叶一样的糟糕。茶叶在晴天的清晨采摘，那时的山上晨气清稀，露香犹在，固之茶的享受还是与幻术般的露的芬芳及风雅发生联系的。道家的极力主张回返自然，以及我们的阴阳育化宇宙的观念中，露水代表“灵液琼浆”，在一般人的想象中，这露水是一种清妙的食品。人类和野兽如果把这种东西喝得相当多了，便颇有长生不老的希望。狄更斯说得好，他说，“茶永远是聪慧人们的饮料”，但中国人则似乎更进一步，把茶与高超的隐士联系起来了。

那么茶是象征着尘世的纯洁的了。从采摘、烘焙、储藏，一直到最后的冲泡和饮喝，需要最清洁的手法，油腻的手或油腻的杯，稍有一点不洁净便足以轻易把喝茶的雅致破坏无余。因此，喝茶的享受，最宜在眼前没有奢侈的东西，心中没有奢侈的思念的环境中。一个人和一个妓女在一起时，终究是在酒中找到了乐趣，而不是在茶中找到乐趣的；妓女有资格喝茶的，他们便是中国诗人学者所宠爱的人了。苏东坡有一次寓茶为“可爱的少女”，可是后来《煮泉小品》的作者田艺蘅便马上加以限制说，茶如果必须以女子为喻的话，只可喻之为麻姑仙子，至于“必若桃脸柳腰，宜亟屏之销金幔中，无俗我泉石”。他又说：“啜茶忘喧，谓非膏粱纨绮可语。”

真正爱喝茶的人觉得把玩煮茶和喝茶的用具，便是一乐趣。例如蔡襄。他在年老的时候已不能喝茶，可是每天还是烹而玩之，习以为常。另一学者周文甫，每天早晨至晚上，按时烹茶饮茶六次。他非常爱他的茶壶，死时并以之伴葬。

喝茶的艺术和技巧因之是这样的：第一，茶最易受其他气味的沾染，自始至终必须绝对注意清洁，必须和酒及其他有气味的东西隔离。第二，茶叶必须保存在凉爽干燥的地方；在潮湿的季节，人们必须把时常要用的茶叶酌量放在特制的小罐里，最好是锡制的小罐；其余的藏在大罐里的茶叶则到必要时才打开；保藏的茶叶如果发霉，应放在锅里，用慢火焙一焙，不用锅盖，而不断用扇子扇着，使茶叶不致变黄褪色。第三，烹茶的艺术有一半是在获得鲜美的清水；山上的泉水最佳，江水次之，井水又次之；自来水如果来自水池，也很不错，因为水池以山泉而源流的。第四，一个人要欣赏好茶，必须有一些恬静的朋友，而且人数一次不要太多。第五，茶的正常颜色普遍是淡黄色，深红色的茶必须和牛乳、柠檬或薄荷同喝，或用什么食物把茶的涩味冲散。第六，最好的茶有一种回味，这要在最后的半分钟，到茶的化学成分和唾液发生作用的时候，才能感到。第七，茶须泡好即喝，如果你想喝好茶，你不该让茶在壶里留得太久，使茶味过浓。第八，泡茶必须用刚刚煮滚的水。第九，一切混杂物均不可用，虽则如果有些人喜欢杂一些别的味道（如素馨或桂皮之类），那也不妨。第十，好茶味道和“婴儿肉”的香味一样。

关于苦茶

周作人

去年春天偶然做了两首打油诗，不意在上海引起了一点风波，大约可以与今年所谓中国本位的文化宣言相比，不过有这差别，前者大家以为是亡国之音，后者则是国家将兴必有祯祥罢了。此外也有人把打油诗拿来当作历史传记读，如字的加以检讨，或者说玩古董那必然有些钟鼎书画吧，或者又相信我专喜谈鬼，差不多是蒲留仙一流人。这些看法都并无什么用意，也于名誉无损，用不着声明更正，不过与事实相远这一节总是可以奉告的。其次有一件相像的事，但是却颇愉快的，一位友人因为记起吃苦茶的那句话，顺便买了一包特种的茶叶拿来送我。这是我很熟的一个朋友，我感谢他的好意，可是这茶实在太苦，我终于没有能够多吃。

据朋友说这叫作苦丁茶。我去查书，只在日本书上查到一点，云系山茶科的常绿灌木，干粗，叶亦大，长至三四寸，晚秋叶腋开白花，自生山地间，日本名曰唐茶（Tocha），又名龟甲茶，汉名皋芦，亦云苦丁。赵学敏《本草拾遗》卷六云：

“角刺茶，出徽州。土人二三月采茶时兼采十大功劳叶，俗名老鼠刺，叶曰苦丁，和匀同炒，焙成茶，货与尼庵，转售富家妇女，云妇人服之终身不孕，为断产第一妙药也。每斤银八钱。”案十大功劳与老鼠刺均系五加皮树的别名，属于五加科，又是落叶灌木，虽亦有苦丁之名，可以制茶，似与上文所说不是一物，况且友人也不说这茶喝了可以节育的。

再查类书关于皋芦却有几条，《广州记》云：“皋卢，茗之别名，叶大而涩，南人以为饮。”

又《茶经》有类似的话云：“南方有瓜芦木，亦似茗，至苦涩，取为屑茶饮亦可通夜不眠。”

《南越志》则云：“茗苦涩，亦谓之过罗。”此木盖出于南方，不见经传，皋卢云云本系土俗名，各书记录其音耳。但是这是怎样的一种植物呢，书上都未说及，我只好从茶壶里去拿出一片叶子来，仿佛制腊叶似的弄得干燥平直了，仔细看时，我认得这乃是故乡常种的一种坟头树，方言称作枸朴树的就是，叶长二寸，宽一寸二分，边有细锯齿，其形状的确有点像龟壳。原来这可以泡茶吃的，虽然味太苦涩，不但我不能多吃，便是且将就斋主人也只喝了两口，要求泡别的茶吃了。但是我很觉得有兴趣，不知道在白菊花以外还有些什么叶子可以当茶？

《毛诗草木鸟兽虫鱼疏》“山有栲”一条下云：“山樗生山中，与下田樗大略无异，叶似差狭耳，吴人以其叶为茗。”

《五杂俎》卷十一云：“以绿豆微炒，投沸汤中倾之，其色正绿，香味亦不减新茗，宿村中觅茗不得者可以此代。”此与现今炒黑豆作咖啡正是一样。又云：

“北方柳芽初茁者采之入汤，云其味胜茶。曲阜孔林楷木其芽可烹。闽中佛手柑橄榄为汤，饮之清香，色味亦旗枪之亚也。”卷十记孔林楷木条下云：

“其芽香苦，可烹以代茗，亦可干而茹之，即俗云黄连头。”孔林吾未得瞻仰，不知楷木为何如树，唯黄连头则少时尝茹之，且颇喜欢吃，以为有福建橄榄豉之风味也。关于以木芽代茶，《湖雅》卷二亦有二则云：

“桑芽茶，案山中有木俗名新桑荑，采嫩芽可代茗，非蚕所食之桑也。”

“柳芽茶，案柳芽亦采以代茗，嫩碧可爱，有色而无香味。”汪谢城此处所说与谢在杭不同，但不佞却有点左袒汪君，因为其味胜茶的说法觉得不大靠得住也。

许多东西都可以代茶，咖啡等洋货还在其外，可是我只感到好玩，有这些花样，至于我自己还只觉得茶好，而且茶也以绿的为限，红茶以至香片嫌其近于咖啡，这也别无多大道理，单因为从小在家里吃惯本山茶叶耳。口渴了要喝水，水里照例泡进茶叶去，吃惯了就成了规矩，如此而已。对于茶有什么特别了解，赏识，哲学或主义么？这未必然。一定喜欢苦茶，非苦的不喝么？这也未必然。那么为什么诗里那么说，为什么又叫作庵名，岂不是假话么？那也未必然。今世虽不出家亦不打诳语。必要说明，还是去小学上找罢。吾友沈兼士先生有诗为证，题曰《又和一首自调》，此系后半首也：

端透于今变澄澈，
鱼模自古读歌麻。
眼前一例君须记，
荼苦原来即苦茶。

二十四年二月

吃茶文学论

阿英

吃茶是一件“雅事”，但这雅事的持权者，是属于“山人”“名士”者流。所以往古以来，谈论这件事最起劲，而又可考的，多居此辈。若夫乡曲小子，贩夫走卒，即使在疲乏之余，也要跑进小茶馆去喝点茶，那只是休息与解渴，说不上“品”，也说不上“雅”的。至于采茶人，根本谈不上有什么好茶可喝，能以留下一些茶末、茶梗，来供自己和亲邻们享受，已经不是茶区里的“凡人”了。

然而山人名士，不仅要吃好茶，还要写吃茶

的诗，很精致地刻“吃茶文学”的集子。陆羽《茶经》以后，我们有的是讲吃茶的书。曾经看到一部明刻的《茶集》收了唐以后的吃茶的文与诗，书前还刻了唐伯虎的两页《煮泉图》，以及当时许多文坛名人的题词。吃茶还需要好的泉水，从这《煮泉图》的题名上，也就可以想到。因此，当时讲究吃茶的名士，遥远地雇了专船去惠山运泉，是时见于典籍，虽然丘长孺为这件事，使“品茶”的人曾经狼狈不堪过一回，闹了一点把江水当名泉的笑话。

钟伯敬写过一首《采雨诗》，有小序云：“雨连日夕，忽忽无春，采之瀹茗，色香可夺惠泉。其法用白布，方五六尺，系其四角，而石压其中央，以收四至之水，而置瓮中庭受之。避霤者，恶其不洁也。终夕缌缌焉，虑水之不至，则亦不复知有雨之苦矣。以欣代厌，亦居心转境之一道也。”在无可奈何之中，居然给他想出这样的方法，采雨以代名泉，为吃茶，其用心之苦，是可以概见了；张宗子坐在闵老子家，不吃到他的名茶不去，而只耗去一天，又算得什么呢？

还有，所以然爱吃茶，是好有一比的。爱茶的理由，是和“爱佳人”一样。享乐自己，也是装点自己。记得西门庆爱上了桂姐，第一次在她家请客的时候，应伯爵看西门庆那样的色情狂，在上茶的时候，曾经用《朝天子》调儿的《茶调》开他玩笑。那词道：“这细茶的嫩芽，生长在春风下。不揪不采叶儿渣，但煮着颜色大。绝品清奇，难描难画。口儿里常时呷，醉了时想他，醒来时爱他。原来一篓儿千金价。”拿茶比佳人，正说明了他们对两者认识的一致性，虽说其间也相当的有不同的地方。

话虽如此，吃茶究竟也有先决的条件，就是生活安定。张大复是一个最爱吃茶的人了，在他的《全集》里笔谈里，若果把讲吃茶的文章独立起来，也可印成一本书。比他研究吃茶更深刻的，也许是没有吧。可是，就在他正在研究吃茶的时候，妻子也竟要来麻烦他，说厨已无米，使他不得不放下吃茶的大事，去找买米煮饭的钱，而发一顿感叹。

从城隍庙冷摊上买回一册日本的残本《近世丛语》，里面写得更是有趣了。说是："山僧嗜茶，有樵夫日过焉，僧辄茶之。樵夫曰：'茶有何德，而师嗜之甚也？'僧曰：'饮茶有三益，消食之一也，除睡二也，寡欲三也。'樵夫曰：'师所谓三益者，皆非小人之利也。夫小人樵苏以给食，豆粥藜羹，仅以充腹，若嗜消食之物，是未免饥也。明而动，晦而休，晏眠熟寐，彻明不觉，虽南面王之乐莫尚之也，欲嗜除睡之物，是未免劳苦也。小人有妻，能与小人共贫窭者，以有同寝之乐也，若嗜寡欲之物，是令妻不能安贫也。夫如此，则三者皆非小人之利也，敢辞。'"可见，吃茶也并不是人人能享受到的"清福"，除掉那些高官大爵、山人名士的一类。

新文人中，谈吃茶，写吃茶文学的，也不乏其人。最先有死在"风不知向哪一方面吹"的诗人徐志摩等，后有作吃茶文学运动，办吃茶杂志的孙福熙等，不过，徐诗人"吃茶论"已经成了他全集的佚稿。孙画家的杂志，也似乎好久不曾继续了，留下最好的一群，大概是只有"且到寒斋吃苦茶"的苦茶庵主周作人的一个系统。周作人从《雨天的书》时代（1925年）开始作"吃茶"到《看云集》出版（1933年），是还在"吃茶"，不过在《五十自寿》（1934年）的时候，他是指定人"吃苦茶"了。吃茶而到吃苦茶，其吃茶程度之高，是可知的，其不得已而吃茶，也是可知的，然而，我们不能不欣羡，不断的国内外炮火，竟没有把周作人的茶庵、茶壶和茶碗打碎呢？特殊阶级的生活是多么稳定啊。

八九年前，芥川龙之介游上海，他曾经那样讽刺着九曲桥上的“茶客”；李鸿章时代，外国人也有“看中国人的‘吃茶’，就可以看到这个国度无救”的预言，然而现在，即使就知识阶级言，不仅有“寄沉痛于苦茶者”，也有厌腻了中国茶，而提倡吃外国茶的呢。这真不能不令人有康南海式的感叹了：“呜呼！吾欲无言！”

一九三四年

茶话

周瘦鹃

茶，是我国的特产，吃茶也就成了我国人民特有的习惯。无论是都市，是城镇，以至乡村，几乎到处都有大大小小的茶馆，每天自朝至暮，几乎到处都有茶客，或者是聊闲天，或者是谈正事，或者搞些下象棋、玩纸牌等轻便的文娱活动，形成了一个公开的群众俱乐部。

茶有茗、荈、槚几个别名。据《尔雅》说，早采者为茶，晚取者为茗，荈和槚是苦茶。吃茶的风气始于晋代。晋人杜育，就写过一篇《荈赋》，对于茶大加赞美；到了唐代，那就盛行吃茶了。

茶树的干像瓜芦，叶子像栀子，花朵像野蔷薇，有清香，高一二尺。江苏、浙江、福建、安徽各省，都是茶的产地，如碧螺春、龙井、武夷、六安、祁门等各种著名的绿茶、红茶，都是我们所熟知的。茶树都种于山野间，可是喜阴喜燥，怕阳光怕水，倘不施粪肥，味儿更香，绿茶色淡而香清，红茶色香味都很浓郁，而味带涩性。绿茶有明前、雨前之分，是照着采茶的时期而定名的，采于清明节以前的叫作明前，采于谷雨节以前的叫作“雨前”，以雨前较为名贵。茶叶可用花窨，如茉莉、珠兰、玫瑰、木樨、白兰、玳玳都可以窨茶，不过花香一浓，就会冲淡茶香，所以窨花的茶叶，不必太好，上品的茶叶，是不需要借重那些花的。

吃茶有什么好处，谁也不能肯定。茶可以解渴，这是开宗明义第一章，有的人说它可以开胃润气，并且助消化，尤以红茶为有效。可是卫生家却并不赞同，以为茶有刺激神经的作用，不如喝白开水有润肠利便之效。但我们吃惯了茶的人，总觉得白开水淡而无味，还是要去吃茶，情愿让神经刺激一下了。

唐朝的诗人卢仝和陆羽，可说是我国提倡吃茶的有名人物，昔人甚至尊之为茶圣。卢仝曾有一首长歌，谢人寄新茶，其下半首云：“……柴门反关无俗客，纱帽笼头自煎吃，碧云引风吹不断，白花浮光凝碗面。一碗喉吻润；两碗破孤闷；三碗搜枯肠，唯有文字五千卷；四碗发轻汗，平生不平事，尽向毛孔散；五碗肌骨清；六碗通仙灵；七碗吃不得也，唯觉两腋习习清风生。”夸张吃茶的好处，写得十分有趣；因此“卢仝七碗”，也就成了后人传诵的佳话。陆羽字鸿渐，有文学，嗜茶成癖，著《茶经》三篇，原原本本地说出茶之源、之法、之具，真是一个吃茶的专家。宋朝的诗人如苏东坡、黄山谷、陆放翁等，也都是爱茶的，他们的诗集中，有不少歌颂吃茶的作品。

制茶的方法，红绿茶略有不同，据说要制红茶时，可将采下的嫩叶，铺满在竹席上，放在阳光中曝晒，晒了一会儿，便搅拌一会儿，等到叶子晒得渐渐地萎缩时，就纳入布袋揉搓一下，再倒出来曝晒，将水分蒸散，再装在木箱里，一层层堆叠起来，重重压紧，用布来遮在上面，等到它变成了红褐色透出香气来时，再从箱里倒出来晒干，然后放在炉火上烘焙。经过了这几重手续，叶子已完全干燥，而红茶也就告成了。制绿茶时，那么先将采下的嫩叶放在蒸笼里蒸一下，或铁锅上炒一下，到它带了黏性而透出香气来时，就倒出来，铺散在竹席上，用扇子把它用力地扇，扇冷之后，立即上炉烘焙，一面烘，一面揉搓，叶子就逐渐干燥起来。最后再移到火力较弱的烘炉上，且烘且搓，直到完全干燥为止，于是绿茶也就告成了。

过去我一直爱吃绿茶，而近一年来，却偏爱红茶，觉得酽厚够味，在绿茶之上；有时红茶断档，那么吃吃洞庭山的名产绿茶碧螺春，也未为不可。

在明代时，苏州虎丘一带也产茶，颇有名，曾见之诗人篇章。王世贞句云：“虎丘晚出谷雨后，百草斗品皆为轻。”徐渭句云：“虎丘春茗妙烘蒸，七碗何愁不上升。”他们对于虎丘茶的评价，都是很高的；可是从清代以至于今，就不曾听得虎丘产茶了。幸而洞庭山出产了碧螺春，总算可为苏州张目。碧螺春本来是一种野茶，产在碧螺峰的石壁上，清代康熙年间被人发现了，采下来装在竹筐里装不下，便纳在怀里，茶叶沾了热气，透出一阵异香来，采茶人都嚷着“吓煞人香”。原来“吓煞人”是苏州俗话，在这里就是极言其香气的浓郁，可以吓得杀人的。从此口口相传，这种茶叶就称为“吓煞人香”。康熙南巡时，巡抚宋荦以此茶进献，康熙因它的名儿不雅，就改名为碧螺春。此茶的特点，是叶子都蜷曲，用沸水一泡，还有白色的细茸毛浮起来。初泡时茶味未出，到第二次泡时呷上一口，就觉得“清风自向舌端生”了。

从前一般风雅之士，对于吃茶称为品茗，原来他们泡了茶，并不是一口一口地呷，而是像喝贵州茅台酒、山西汾酒一样，一点一滴地在嘴唇上“品”的。在抗日战争以前，我曾在上海被邀参加过一个品茗之会。主人是个品茗的专家，备有他特制的“水仙”“野蔷薇”等茶叶，并且有黄山的云雾茶，所用的水，据说是无锡运来的惠泉水，盛在一个瓦铛里，用松毛、松果来生了火，缓缓地煎。那天请了五位客，连他自己一共六人。一小圆桌上，放着六只像酒盅般大的小茶杯和一把小茶壶，是白地青花瓷质的。他先用沸水将杯和壶泡了一下，然后在壶中满满地放了茶叶，据说就是“水仙”。瓦铛水沸之后，就斟在茶壶里，随即在六只小茶杯里各斟一些些，如此轮流地斟了几遍，才斟满了一杯。于是品茗开始了，我照着主人的方式，啜一些在嘴唇上品，啧啧有声。客人们赞不绝口，都说“好香！好香！”我也只得附和着乱赞，其实觉得和我们平日所吃的龙井、雨前是差不多的。听说日本人吃茶特别讲究，也是这种方式，他们称为“茶道”，吃茶而有道，也足见其重视的一斑。我以为这样的吃茶，已脱离了一般劳动人民的现实生活，实在是不足为训的。

栊翠庵品茶

黄裳

茶是人人都吃的。可是不一定人人都说得出吃茶的道理。茶成为“开门七件事”之一，可见它和人民生活关系之密切。但这七件事中，只有茶曾经有人给它写过一部《茶经》。这也是不平常的。中国有《茶经》，日本却有“茶道”，这正是后来居上了。清雍正中陆廷灿作了一部《续茶经》，是就唐代陆羽的原本重加补辑之作，凡三卷，共分十类：源、具、造、器、煮、饮、事、出、略、图。末附茶法一卷，这是一部内容丰富、编次有法的集大成的撰著，在“九之略”中首先列出了“茶事著述名目”，自唐陆羽《茶经》至清佩文斋《广群芳谱·茶谱》，共七十二种。当然还有漏略，但即此也可说是洋洋大观了。照例底下还有诗文略，当然不过是稍加点缀而已，其实是收不胜收的。古今人诗集中谁没几首品茗的诗呢？如果今天要就陆氏书续加补辑，只此诗文一略，没有几十百万字怕就收容不下。当然这里不过是说说而已，无此必要也少有可能。不过我觉得有一篇文字应该是例外，那就是曹雪芹写的“贾宝玉品茶栊翠庵”。这是《红楼梦》的第四十一回，作者总共不过花了一千二百字的篇幅，可是品茶的全过程都细细地写到了，不只是写吃茶，同时还用轻盈准确的彩笔点染了人物，一颦一笑，都活生生地凸现出来。语言中充满了机锋，没有一字一句是可有可无的。表面看去，不过是闲闲写来，细加琢磨，知道这实在是精心结撰的。《红楼梦》中这一类精妙的片段是很多的。它们都可以独立成章，但又是整体的不可分割的有机组成部分。这就有些像戏曲里的折子戏，随便什么时候都是可以抽出来独立欣赏的。

栊翠庵的一幕出现在贾母带了刘姥姥游园火炽热闹大段故事的结尾处。浓墨重彩如火如荼的描绘中忽然投入清幽淡远的一笔，不但增加了文情的跌宕，也协调了全篇的节奏。正如盛筵之后端上来的一碟泡菜，是可以起清口的作用的。

贾母带了刘姥姥与众人，到了栊翠庵中，提出要吃茶。这以后妙玉的语言动作，就都从宝玉的眼中写出。妙玉亲自捧了一个海棠花式雕漆填金云龙献寿的小茶盘，里面放一个成窑五彩泥金小盖盅，奉与贾母。贾母道：“我不吃六安茶。”妙玉笑说：“知道，这是老君眉。”贾母又问是什么水，妙玉笑回，是旧年蠲的雨水。

从这简单的问答中，就点出了主客都是品茶的行家，并涉及了茶的品种与烹茶用水，这两处在《茶经》中都列入重要的项目，各用专章加以论述。此外还有“茶之器”，妙玉给贾母专用的成窑五彩盖盅，给众人用的一色官窑脱胎填白盖碗，还有拉了宝钗黛玉吃体己茶时所用的茶器，都是为茶人所重视的，难怪作者要花力气来细工描写。宋江在浔阳楼上称赞说“美食不如美器”，在这里道理也是一样的。

妙玉给贾母和众人所用的茶器是实写，给宝钗、黛玉、宝玉所用的可就有些玄虚了。给宝钗的一只，杯旁有一耳，杯上镌着“𤓰瓟斝”三个隶字，后有一行小真字是“晋王恺珍玩”，又有“宋元丰五年四月眉山苏轼见于秘府”一行小字。另一只形似钵而小，也有三个垂珠篆字，镌着“点犀䀉”，则奉与黛玉。这些随笔点染，不能不使人想起秦可卿卧室里的古董陈设。这当然都出于作者的虚拟。两者用意并不相同，栊翠庵中品茶与可卿房中睡，到底写的不是同一类的故事。

《红楼梦》中写妙玉，笔墨不多可是多半与宝玉有牵连。算来只有宝玉向她乞红梅；宝玉生日，她投了“槛外人妙玉恭叩芳辰”的帖子，都是虚写，妙玉本人并未出场。还有就是凹晶馆联句由她出来收场，那是与黛玉湘云有关的。从前面两笔虚写中，也已暗点了妙玉对待宝玉的感情、态度。这一回栊翠庵品茶，才是正面的妙玉本传。她因刘姥姥吃过一口，就嫌脏不要了成窑茶杯；但却用自己常日吃茶的绿玉斗，斟茶给宝玉。来吃体己茶的三人中，宝钗、黛玉是客，宝玉的关系又自不同，写得自然，但又刻露。宝玉却不知足，说什么“世法平等”，“他两个就用那样古玩奇珍，我就是个俗器了”。不知道宝玉是不是真的不理会妙玉拿他当作“自己人”，才拿自己日常用的茶斗给他使，因此而引来了妙玉的反驳，“这是俗器？不是我说狂话，只怕你家里未必找的出这么一个俗器来呢。”难道这只是谈论茶具么？

在这一节文字中，妙玉对宝玉时时加以调侃、讥嘲，毫不假借，但口气中又处处露出非比寻常的亲昵，这与对待宝钗、黛玉的态度也有分明的差异。她笑宝玉要吃一海，说，“你虽吃得了，也没这些茶糟蹋。岂不闻一杯为品，二杯即是解渴的蠢物，三杯便是饮牛饮骡了。你吃这一海，便成什么？”这里所说，正是品茶的精髓，宝玉“细细吃了，果觉轻淳无比”。轻轻一笔，却将品茶的趣味全然写出了。

妙玉心中的宝玉，在六十三回中单借邢岫烟之口点了出来。宝玉因接到妙玉“遥叩芳辰”的帖子，想不出怎样回复，正巧遇见并告诉了岫烟。

“岫烟听了宝玉之话，且只顾用眼上下细细打量了半日，方笑道：‘怪道俗语说的闻名不如见面，又怪不得妙玉竟下这帖子给你，又怪不得上年竟给你那些梅花……”细细打量写得深入而突兀，难道她是初见宝玉么？岫烟是妙玉的旧交知己，从她口中的一番话，可不就说出了妙玉心目中的宝玉么？至于在栊翠庵中妙玉正色对宝玉说：“你这遭吃的茶，是托他两个的福，独你来了，我是不能给你吃的。”实在说得极妙，也正经得好。试想，宝玉又哪能有机会自己一个人闯到栊翠庵来讨茶吃，妙玉又哪里有机会亲手给宝玉烹茶。说来说去，实在只有感谢宝钗和黛玉，当然也就不能不领她们的情。不只宝玉这样说，妙玉也是赞成的，“这话明白”。文章写到这里一泻而下，入情入理，但不细读恐怕就很难领略隐含在小儿女口角中的微妙含义。

这一节品茶文字，是议论烹茶用水而结束的。黛玉随口问：“这水也是旧年的雨水？”却引来妙玉的一大段讨论：

妙玉冷笑道：“你这么个人，竟是大俗人，连水也尝不出来。这是五年前我在玄墓蟠香寺住着，收的梅花上的雪，共得了那鬼脸青的花瓮一瓮，总舍不得吃，埋在地下。今年夏天才开了，我只吃过一回，这是第二回了。你怎么尝不出来？隔年蠲的雨水，那有这样的轻淳，如何吃得？”

《续茶经》“五之煮”部分几乎都说的是煮茶用水。可见正是茶人极为重视的，中国有那许多名家，也都是因烹茶而得名的。也间有说到用伏中雨水，用缸贮西湖水的。谢在杭说：“唯雪水冬月茳之，入夏用乃绝佳。”是仅有的使用雪水的记录。不过只是一句话，远不及《红楼梦》的尽兴一写来得笔酣墨饱。尤其值得注意的是妙玉对黛玉的批评，竟自如此不留余地。《红楼梦》写黛玉，是连一半句奚落的话也经不起的。这里却用“黛玉知他天性怪僻，不好多话，亦不好多坐”一句话收束，这和前面妙玉的“冷笑”，都是少见的特笔。难怪有人说妙玉是黛玉的影子，甚至说黛玉本是妙玉。这中间是有消息可寻的。《红楼梦》是小说，书中保留了大量封建社会晚期风俗习惯的真实记录，其价值不下于正史或野史，也许更加翔实而生动。这品茶的一章就是好例，又因为它是伟大的小说，在事实的铺陈中处处不离人物性格的刻画，因之也就更为可贵。这就是我觉得续写《茶经》时千万不可遗漏了这一节好文章的理由。

茶话

方方

喝茶在中国，实在是有着太久远的历史，为此围绕一个“茶”字，足可以出一套系列丛书。

一个“茶”字，可以写一部文化史。喝茶素有俗饮及雅品之分。俗饮乃在大众场合，多聚而饮之。最初或许只是类似路边凉棚，供人解解渴而已。南北旅人同坐一桌，饮茶时不免东西南北中地闲谈，其间或许谈成一笔生意，又或许谈成一门亲事，再又或将东一丁西一点的事凑合谈成一个完整不过的民间故事。久之老板便晓得饮茶既如此有助谈兴，莫如再建造得舒服些，令其舒服着长谈。长谈便得多饮，多饮自是可多赚，那么发财便不是个梦想。南方有茶，北方也有茶。南北方的老板都会如是盘算，为此茶馆茶楼茶亭茶院纷然而起，舒服程度强似路边凉棚百倍。不仅吸引来往旅人，当地居民亦风靡而至。人们在此或小憩或长坐，或约会或巧遇。清茶一杯，指点江山，高谈阔论，天下事便尽在一壶茶中。间或有人前来弹琴唱曲敲鼓说书，中国历史加民间传说便与氤氲茶香融为一体，代代相传。既有了茶馆茶楼茶亭茶院，就得有人为之设计与建筑。如此，就又有建筑艺术添新篇章。雅品则可分为两种，一为文人骚客聚而饮之，饮时必写诗唱和，共笔作画，一闲对百忙，真风雅不过；另一为独人独马，独处一地，独饮一壶。择清幽地，就地汲水煮茗。水必活水，茶必好叶，茶具亦必上等品位，讲质讲色讲形。倘条件具备，背靠碧绿之山，面对清澈之水，一张竹几，一块石凳，且有几枝竹或菊相伴左右。茶煮在炉上，水火相战，如听松涛，斟入杯中，清芬扑鼻。喝茶喝到这地步，也算进入佳境了。如此一来，就又有了茶具的高度讲究。陶器及瓷器便于饮茶雅品中情不自禁地从造型到用色，从胎质到烧制都精致起来。

一个“茶”字也可以写一部外交史。远说一千多年前，日本最澄禅师在浙江天台山留学，返回时将中国茶籽带了回去，便有了中国茶的第一次走出国门。以后又有茶籽到印度、到英国、到斯里兰卡、马来西亚、印度尼西亚……这里可以举出一连串拗口的国名。不仅茶籽出国门，亦有直接弄茶树而去的。更有将制茶巧匠设法控为自己的雇员。19世纪中叶以前，世界茶叶市场为中国独霸。解放后，中国则主动派出技术人员前往几内亚、摩洛哥等地进行指导帮助种茶。如今世界产茶量首户是印度。将这些过程以及过程中发生的所有故事都写出来，一部外交史也就写得差不多了。

一个“茶”字又可以写一部诗史。诗史可分为两部分：一是诗人为茶而作的诗；二是诗人因茶事而作的诗及与茶有关的诗人故事。关于茶，诗人实在是写得太多了。西汉扬雄《蜀都赋》中曰“百华投香，隐隐芬芳……翠紫青黄”，尽写茶之色味；唐人韦应物之咏茶诗“洁性不可污，为饮涤尘烦。此物信灵味，本自出山原”，则道出茶之本质。“正如酣醉后，醒酒却须茶”，此为明人王阳明所写；“自汲淞江桥下水，垂虹亭上试新茶”，为宋人杨万里所写；“蜀茶寄到但惊新，渭水煎来始觉珍”，乃唐人白居易所作。又如陆游写“村女卖秋茶，怀茶就井煎”。此类诗作如一一举例出来，我的文章又如何能写得完？泡茶对茶叶讲究这是无疑的。除了茶，便是讲究水了。能使茶汤鲜爽度最好的水实为泉水，我国的泉少说也有十万处，泉和泉的质量自是大不相同，于是好品茶者便依泉水之泡茶好坏排出先后名次。泉一出名，便成风景。如杭州虎跑泉、北京玉泉，又如济南趵突泉、无锡惠泉、苏州观音泉等等。一成风景，便又令无数诗人墨客雅兴发作，诗作亦如泉水汩汩而出，历史也因之浪漫了许多。说到浪漫，诗人还真是浪漫。据传李清照当年与其夫赵明诚常在饭后，坐在自家的“归来堂”里，一边烹茶一边翻书打赌考记忆，输者罚饮茶数杯。这是何等有趣的生活，诗人之情操及生活之格调实在让人羡慕不已。一部诗史照如此脉络展开来是不是已经很为丰富了？

“茶”字还可以写一部禅史，茶道与禅有许多精神是相通的。茶道讲究和、敬、清、寂，而禅又如何不是？“茶”还可以写一部应酬史。而今各机关、企业、公司年年都要举办茶话会，贫者仅只一杯清茶，富者茶外尚有红包，全国几十个省，多如牛毛的机关、企业、公司，茶话的方式千奇百怪。想要就此著上一书，还真不知从何处落笔。

茶茶茶，人说：宁可一日无油盐，不可一日无茶饮。如此这般，茶话又怎是这一篇文章说得完的？

石鼎茶烟隔户闻

得壶记趣

陆文夫

我年轻时信奉一句格言，叫作玩物丧志。世界上的格言多如过江之鲫，有人信，有人不信；有人此时信，彼时非；有人专门制造格言叫别人遵守，自己根本就做不到；等等，都是有原因的。

我所以信奉“玩物丧志”，是因为那时确实有点志，虽然称不起什么胸怀大志，却也有些意气风发的劲头，想以志降物，遏制着对物的欲念。另一个很实际的原因是想玩物也没有可能，一是没有时间，二是没有金钱，玩不起。换句话说，玩是也想玩的，只是怕分散精力和阮囊羞涩而已。

事实也是如此，我对字画、古玩、盆景、古典家什、玲珑湖石等等都有兴趣，也有一定的欣赏能力，只是不敢妄想据为己有而已。想玩而又玩不起，唯一的办法只有看了，即去欣赏别人的，公有的。此种办法很好，既不花钱，又不至于沦为物的奴隶。苏州是个文化古城，历代玩家云集，想看看总是有可能的。

上一世纪50年代，苏州旧货店是个广义词，即不卖新货的店都叫旧货店。旧货店也分门别类，有卖衣着，有卖家什，更多的是卖旧艺术品的小古董店。由此不能称之为店，只是在大门堂里摆个摊头，是破落的大户人家卖掉那些既不能吃、又不能穿的非生活必需品——玩意儿。此种去处是“淘金”者的乐园，只要你有鉴赏的能力，偶尔可以得宝，捡便宜。那时我已经写小说了，没命地干，每天都是从清晨写到晚上一两点，往往在收笔之际已闻远处鸡啼，可在午餐之后总得休息一下，饭后捉笔头脑总是昏昏沉沉的。休息也不睡，到街上去逛古董店。每日有一条规定的路线，一家家地逛过去，逛得哪家有点什么东西都很熟悉，甚至看得出哪件东西已被人买去了，哪件东西又是新收购进来的。好东西是不能多看的，眼不见心不动，看着看着就买一点。但我信奉“玩物丧志”，自有约法三章，如果要买的话，一是偶尔为之，二是要有实用价值，三是不能超过一元钱。小古董店里的东西五花八门，有字画、瓷器、陶器、铜器、锡器、红木小件和古钱币，还有打簧表和破旧的照相机。我的兴趣广泛，样样都看，但对紫砂盆和紫砂茶壶特有兴趣。

此种兴趣的养成和已故的作家周瘦鹃先生有关系。很多人都知道，周瘦鹃先生的盆景是海内一绝，举世无双。文人墨客、元帅、总理，到苏州来时都要到周家花园去一次。我也常到周先生家去，多是陪客人去欣赏他的盆景，偶尔也叩门而入，小坐片刻，看看盆景，谈谈文艺。周先生乘身边无人时，便送我一盆小品（人多时送不起），叫我拿回去放在案头，写累了看看绿叶，让眼睛得到调剂。我不敢收，因为周先生的盆景都是珍品，放在我的案头不出一月便会死掉的。周先生说不碍，死掉就死掉，你也不必去多费精力，只是有一点，当盆景死掉以后，可别忘把紫砂盆还给我。盆景有三要素，即盆、盆架、盆栽，三者之中以好的紫砂盆、古盆最为难求。周先生谈起紫砂盆来滔滔不绝，除掉盆的造型、质地、年代、制作高手之外，还谈到他当年如何在苏州的古董市场上与日本人竞相收购古盆的故事，谈到得意时，便从屏门后面的夹弄里（那儿是存放紫砂盆的小仓库）取出一二精品来让我观摩。谈到紫砂盆，必然语及紫砂壶，我们还曾经到宜兴的丁蜀去过一次，去的目的是想发现古盆、订购新盆，可那时宜兴的紫砂工艺已经凋敝，除掉拎回几只砂锅以外，一无所获。

由于受到周瘦鹃先生的感染，我在逛小古董店的时候，便对紫砂盆和紫砂壶特别注意，似乎也有了一点鉴赏能力。但也只看看罢了，并无收藏的念头。

有一天，我也记不清是春是夏了，总之是三十三年前的一个中午。饭后，我照例到那小古董店里去巡视，忽然在一家大门堂内的小摊上，见到一把鱼化龙紫砂茶壶。龙壶是紫砂壶中常见的款式，民间很多，我少年时也在大户人家见过。可这把龙壶十分别致，紫黑而有光泽，造型的线条浑厚有力，精致而不繁琐。壶盖的捏手是祥云一朵，龙头可以伸缩，倒茶时龙嘴里便吐出舌头，有传统的民间乐趣。我忍不住要买了，但仍需按约法三章行事。

一是偶尔为之，确实，那一段时间内除掉花两毛钱买一朵木灵芝以外，其他什么也没有买过。二是有实用价值，平日写作时，总有清茶一杯放在案头，写一气，喝一口，写得入神时往往忘记喝，人不走茶就凉了，如果有一把紫砂茶壶，保温的时间可以长点，冬天捧着茶壶喝，还可以暖暖手。剩下的第三条便是价钱了，一问，果然不超过一元钱，我大概是花八毛钱买下来的。

卖壶的人可能也使用了多年，壶内布满了茶垢，我拿回家擦洗一番，泡一壶浓茶放在案头。

这把龙壶随着我度过了漫长的岁月，度过了很多寒冷的冬天，我没有把它当作古董，虽然我也估摸得出它的年龄要比我的祖父还大些。我只是把这龙壶当作忠实的侍者，因为我想喝上几口茶时它总是十分热心的。当我能写的时候，它总是满腹经纶，煞有介事地蹲在我的案头；当我不能写而去劳动时，它便浑身冰凉，蹲在一口玻璃柜内，成了我女儿的玩具，女儿常要对她的同学献宝，因为那龙头内可以伸出舌头。

“文化大革命”的初期要破四旧，我便让龙壶躲藏到堆破烂的角落里。全家下放到农村去，我便把它用破棉袄包好，和一些小盆、红木小件等装在一个柳条筐内。这柳条筐随着我来回大江南北，几度搬迁，足足有十二年没有开启，因为筐内都是些过苦日子用不着的东西，农民喝水都是用大碗，哪有用龙壶的？直到我重新回到苏州，而且等到有了住房的时候，才把柳条筐打开，把我那少得可怜的玩意儿艺拿了出来。红木盆架已经受潮散架了，龙壶却是完好无损，只是有股霉味。我把它擦一番，重新注入茶水，冬用夏藏，一如既往。

近十年间，宜兴的紫砂工艺突然蓬勃发展，精品层出，高手林立，许多著名的画家、艺术家都卷了进去。祖国大陆和港、台地区兴起了一股紫砂热，数千元、数万元的名壶时有所闻，时有所见。我因对紫砂有特殊爱好，也便跟着凑凑热闹，特地做了一只什景橱，把友人赠给和自己买来的紫砂壶放在上面，因为现在没有什么小古董店可逛了，休息时向什景架上看一眼，过过瘾头。

我买壶还是老规律，前两年不超过十块钱，取其造型而已。收藏紫砂壶的行家见到我那什景架上的茶壶，都有点不屑一顾，实在是没有什么值得称道的。我说有一把龙壶，可能是清代的，听者也不以为然，因为他们知道我没有什么收藏，连藏书也是寥寥无几。

1990 年 5 月 13 日，不知道是刮的什么风，宜兴紫砂工艺二厂的厂长史俊棠，制壶名家徐秀棠，以及冯祖东等几位紫砂工艺家到我家来做客，我也曾到他们家里拜访过，相互之间熟悉，所以待他们坐定之后便把龙壶拿出来，请他们看看，这把壶到底出自何年何月何人之手，因为壶盖内有印记。他们几位轮流看过后大为惊异，这是清代制壶名家俞国良的作品。《宜兴陶器图谱》中有记载：“俞国良，同治、道光间人，锡山人，曾为吴大澂造壶，制作精而气格混成，每见大澂壶内有‘国良’二字，篆书阳文印，传器有朱泥大壶，色泽鲜妍，造工精雅。”我的这把壶当然不是朱泥大壶，而是紫黑龙壶。徐秀棠解释说，此壶叫作坞灰鱼化龙，烧制时壶内填满砻糠灰，放在烟道口烧制，成功率很低，保存得如此完整，实乃紫砂传器中之上品。史俊棠将壶左看右看，爱不释手，拿出照相机来连连拍下几张照片。客人们走了以后，我确实高兴了一阵，想不到花了八毛钱竟买下了一件传世珍品，穷书生也有好运气，可入《聊斋志异》。高兴了一阵之后又有点犯愁了，我今后还用不用这把龙壶来饮茶呢？万一在沏茶、倒水、擦洗之际失手打碎这传世的珍品，岂不可惜！忠实的侍者突然成了碰拿不得的千金贵体。这事儿倒是十分尴尬的。

世间事总是有得有失，玩物虽然不一定丧志，可是你想玩它，它也要玩你；物是人的奴仆，人也是物的奴隶。

张洁得壶

李国文

大年初一，张洁打来电话，她得了一把名壶。这件时大彬的壶，如果不是赝品的话，那数百年的历史，虽说不得价值连城，但所值不菲，是当然的了。可她砍下来的价，说来令人笑掉大牙，连同另一把壶，统共花了一百二十元。所以，我说她“得”壶，而不是说她“买”壶。按一般道理，买和卖，双方应该是等价交换。物超所值，有可能，但超出太多，超到邪乎的程度，那就该是得了。得，不必等价，也无须等价，因为，无论是得到一份爱情，得到一份幸福，得到一份意外的惊喜，都是没办法折算成人民币若干元的。她这次得壶，很大程度上是意外，是侥幸，是在极偶然的情况下无意中得之，很难用六十元衡量出壶的轻重高低。所以，她说，她是凭一种感觉，得到了这把名壶。我说，我要写一写她得到这把名壶的故事，谈谈那一刹那产生的直觉。直觉，是一种很奇怪的体验，有时候，很准，立刻就产生出一种心灵感应。她感觉到这是个好东西，结果，一把时大彬的壶到手了。

就我个人而言，对于紫砂壶所知甚少，连时大彬这位明末清初的制壶老祖，也只留下一点极肤浅的印象。那一年，到宜兴去，应景也曾背回几件，陆续都送了朋友。因我爱茶，却不甚爱壶，我认为喝茶，不光是嘴巴的事，眼睛、鼻子都要参与的。所以，茶叶在透明的玻璃杯里，上下浮沉，渐渐地舒张开来，慢慢飘舞起来，那一股难以描摹的灵动神韵，真是视觉上的极佳享受。尤其春天里刚下来的新茶，领教那一份洋溢开来的绿，更是心旷神怡的境界。如果用壶的话，对不起，这一切便全部等于零，茶趣也就少掉一半。

张洁得壶，过程简单。年前，她本是准备到天坛去买熬中药的药罐，走过一地摊前，瞥了一眼放在那里的玉石之类，驻足停下，摊贩为一老先生，便向她推销谁知是真的还是假的翡翠。张洁似乎懂一点珠宝，我记得她写过一篇小说，就叫《祖母绿》。不过她是不是行家，我就不得而知了。即使非行家，又如何？我一直认为，作家写东西，凡涉及专业知识，只求能把读者唬住就行，不一定必是行家里手。所以，曹禺《日出》的第三幕，为写那个雏妓小东西在窑子里的生活状态，是到过前门八大胡同——旧时代北平城的红灯区的；巴尔扎克写交际花，也曾和一些巴黎社交场合的名女人有过交往，但也仅如此而已。一定要有一份专业证书才可写某行某业，那么，大部分作家就得饿饭了。

她对那位老先生说，慈禧太后才戴多大一块翡翠，你这儿摆的，哪一块都超过了她，如果是真翠，也就不会在这儿摆摊了。这时，张洁见到了旁边摆着的这把泥污斑渍、积满茶垢的壶，顿觉眼睛一亮。在电话里，她没有这样说，但我相信她见到这把壶时，肯定应该是这种样子的。因为她说她当时有一种感觉，虽然那壶很脏，很糟，跟泥蛋一样，半点也不起眼，但壶的造型，虽然与别的壶同是由圆弧和曲线构成的整体，同是盖、嘴、把、壶本体四个部分，隐约间，那颇有些不同凡俗的气质把她打动。孟夫子曰：“西子蒙不洁，人皆掩鼻而过之。”但她终究是西子呀！天生丽质，总是不可能全被埋没的，这就要看观察者有没有一双慧眼了。据我了解，她没有收集古玩和文物的癖嗜，之所以想得到这把壶，她强调，就是认准了自己这个直觉，决定要买下来。摊主出价，两壶各一百，你拿走。她按照潘家园旧货市场的惯例，先砍一半。这笔生意，谈到最后，以每把六十元成交。他告诉张洁，壶是从天津倒腾来的。

这一来历，令我顿生疑窦，因为无论博物院收藏的，还是近年发掘出来的大彬壶，都出在南方，北方甚少见。直到今天，紫砂壶在北方不如南方受欢迎，我想，很可能是与北方人喝茶不甚讲究有关，北方人的喝茶习惯，深受蒙古族、满族影响，粗疏而乏精致，大碗茶三字便可概括。那淡淡的绿茶清香，绝敌不过那性膻味臊的牛羊肉的，必须是浓郁的花香，方可压住大蒜大葱韭菜花的恶辛之气。我刚到北京时，参加京西的“土地改革运动”，在旗人家里，初次喝到香喷喷的茉莉花茶时，甚觉惊异，花香浓烈若此，还能叫作茶吗？六十年代，八毛钱一两的茉莉高碎，竟成了北京市民的至尊至高的享受。对茶的不考究，导致对壶的无兴趣，很难设想一件名家的壶，会在并无久远历史的天津出现。

但转而一想，旧时代，天津为商埠，多富翁；北京为衙门，多官僚。很可能是清末民初天津租界地洋房里住着的某位阔佬，从北京城某胡同、某四合院里，某败落户手中买去的。老北京，不论什么样破旧颓败的院落，走进去打听打听那些老住户，不出三代以上，准是显赫的王公贵族。五十年代，我在北京，住在苏州胡同，隔壁院里老太太卖破烂，堆在屋角的熬汤的大骨头中，竟混有羚羊角。那敲小鼓的还算仁义，用小刀刮去泥垢，“老太太，您这可是值钱的东西，我当破烂收了，蒙了您，我也亏心，您拿到药铺去卖吧！”所以，京城破落户有这把时大彬的壶，不为奇，往前再追溯上去，很可能是明代南方某位上京做官，或来京行贿的什么人带来。后来，败家了，就流失民间，又被天津这位有钱的阔佬买到手。壶若能言，这一段由南而北、由京而津的路线，肯定会讲出一连串人事兴衰、沧桑变化的故事，若是编成电视剧，或许可以在泛滥成灾的皇帝片中别开生面，凑一份热闹。

从这件壶跌落到天坛地摊上无人问津，也证明了一条真理，这世界上没有永远。好多人，包括我们作家，都以为自己会永远，或将会永远。读一读台湾的白先勇先生写过一篇精致的短篇小说，叫《永远的尹雪艳》，便会晓得，其实那女主人公也不能永远，终于到了人老珠黄的这一天。天津租界地的这位富翁，最后，子孙不也衰败，把茶壶当油壶。当初，富翁为买这把名壶，可能所费不赀，至少他还识货，知道附庸风雅，多少年以后，他的后代却不经意地把名壶三文不值二文地卖了。说不定这家住过洋楼的后代，不但不知道这是把名壶，甚至压根儿不懂壶为何物，用来装油，那就更悲哀了。

天津和北京住户们的变化，情况好像大掉个儿，那些住在租界地洋楼里的人家，如果不怎么对你见外，翻开家谱，三辈以上，他们的老祖宗，几乎都是提不起来的平头百姓。早期资本积累阶段,那些三不管的青皮混混，下九股的脚行把头，更容易凭借邪恶和血腥起家，也是事实。所以，这一班陡然暴发起来的新富翁、新权贵，都羞谈过去的低下出身，最热衷于扮贵族，装斯文，这是铁的规律。买古董，穿名牌，盖洋房，吃大菜，跑马赛狗，挥毫泼墨，吟诗作对，斗草品茶，自然少不了要捧一具时大彬的紫砂茶壶，作儒雅状了。

这也是时下一些作家的德行，没有学问充学富五车状，没有文化装高等华人状，出两趟国，认为自己与世界接轨，握一张绿卡，马上看不上自己的黄脸婆，泡一会儿酒吧，相信自己拥有了高尚的精神世界，出一部稍有影响的作品，眼睛立刻长到眉毛上边去，俨然活神仙。暴发户最可悲的一点，就是不懂得，物质的东西不难买到，精神的东西，有时却未必能够买到，即使花重金买到手，硬贴上去，也是两层皮，稍不留神，那刺青胳膊，那泥巴腿杆，那草包肚子，那银样镴枪头，又显了老底。

这件大彬壶，不管外观上看上去多么糟糕，但那魂魄中的灵韵，本质上的完美，是不可能完全被遮掩的。不知张洁用了什么残酷的方法，使这把积数百年油垢的壶荡涤一新，露出本相。如果，她知道这是把名壶，也许下手洗涤时会温柔一些。她在电话里，谈到在壶底壶盖上发现的时大彬印记时，还没有意识到它的价值。不过话说回来，价值对她也不是非常重要，她不收藏古董，也不打算做古董生意。她只是为她心中的这种感觉自豪，一下子就看出来，此壶绝非凡常之品，至于何以产生这种自信，连她自己也觉得奇妙。

紧接着，从资料上查找出来，紫砂壶是明代中叶才出现于文人雅士的玩赏物中，而时大彬恰恰是形成这门陶瓷艺术的第一代大宗师。而他的作品，极为珍稀名贵，偏偏有这么一件，经过数百年的周折，正好落在她的手中，你说奇也不奇，巧也不巧。她一直认为幸运总把背冲着她，这回可调转脸来了。

当然，我也打趣了一番，先别高兴得太早，要知道哦，文物之作伪，在中国，早就是极为发达的行业，不排除赝品的可能性呵！不过，在电话中，她说，真固欣然，假亦无妨。我听出来她的口气，直觉是第一位的，她看中的是那一时间里捕捉到的直觉，她认为好，就好。真壶，或非真壶，名壶，或非名壶，值钱，或不值钱，古董，或假古董，对她来讲，当时并不在她的考量之中。即使现在知道有很大可能是一件大彬壶时，除了倍加珍惜而已，别无其他。实际上，这件壶自身所具有的那种美的质素，给她的直觉，才是最最重要的。

我认为，她说的这种直觉，很大程度上是摆脱了他人他见、与世俗毫无依傍的个人见识，是一个充满自信的人，在内心里作出的判断。在这个世界上，不知道为什么，有的人，很在乎别人的感觉，尤其是我们中国人，具体地说，譬如作家，更在乎外国人的感觉，好像必须外国人告诉他的感觉以后，他才有感觉，这真是很可怜，怎么能如此不相信自己笔下写出的

故品茶又须有闲，闲则静，静则定，对清茗而遐思，啜茶汁而神清，于是心底渐生出一种悠然自乐的恬怡之情来，恰如宋释德洪《山居》诗中所云：“深谷清泉白石，空斋荣几明窗，饭罢一瓯春露，梦成风雨翻江”，吃茶闲暇之中，世间烦恼、人生苦乐、政坛风云乃至什么油盐酱醋柴米，都付之爪哇国去，剩在齿颊间心胸里的只是清幽淡雅的禅意。

同饮的二三人，却还是有的，于是聚在一起，天南海北，闲聊一番，也是极好的一种休憩。偶尔也有“与君一席话，胜读十年书”的，但既然是“片刻优游”，又何必去谈什么学问，否则也失去了吃茶的滋味。

等举着茶盏到唇边，略呷了呷，只觉得淡而且爽；再呷一呷，又感到润喉而且清腑；随后，又细细呷了一呷，这才由心缝儿里渐渐渗出那么一种清淳微妙感觉来——哪怕你是刚从万丈红尘里腾挪出半侧身子，心里头正窝着个打翻了的五味瓶儿，可你一脚跨进此时此地这情境中来，举盏三呷之后，也会觉得换了一挂肚肠似的；什么“涤浊扬清”“回肠荡气”一类话头，早已丢了用场。

品茶毕，悠悠地从茶馆里走出来，见两边青山一齐挤来眼前，我见青山多妩媚，料青山见我亦如是。唐朝诗人释皎然《饮茶歌》曰：“一饮涤昏寐，情思爽朗满天地；再饮清我神，忽如飞雨洒轻尘；三饮便得道，何须苦心破烦恼……”如今是洗了旅尘，涤了昏寐，又破了烦恼，明日真可以“两腋清风起，我欲上蓬莱”，浪迹于这青山碧水之间，飘飘欲仙了。

东西？“如鱼饮水，冷暖自知”，干吗这样缺乏自信心呢！老北大蔡元培当校长那阵，请了一位遗老当教授，此老姓辜名鸿铭，泮名叫厦门辜，当过张之洞的师爷，民国以后还拖辫子，拥护复辟和逊帝，公开演讲赞成缠足和娶妾，相当要不得。然而，他也有令人击节赞赏的地方，就是不买洋人的账，自以为是，十分自信。鲁迅先生痛骂过的“奴才相”，林语堂先生嘲笑过的“西崽相”，从这位老先生身上，绝找不到一丝一毫，那多令人振作！

说到这里，也许离张洁得壶的事远了点，然而，一个人，要没有这样一点特立独行精神，敢于自以为是，敢于相信自己的感觉，敢于抓住转瞬即逝的机遇，即使天上掉馅饼，可能把你砸死，你也绝吃不到一口。总在迟疑，总在等待别人的首肯，总是不相信自己的感觉，这也是这件大彬壶在天坛地摊上摆了这么久，与多少问津者失之交臂的原因。张洁说，她毫不犹豫地就把两件陶壶兴冲冲地抱了回来。于是，我在电话里向这位得壶人祝贺：大年初一，阁下得到了一件大彬壶，这一年，这一大，是一个多么美好的开始啊！

紫砂兴衰纪略

李存葆

近些年，我因在军艺供职，鲜有外出采风的机会。偶尔抽暇出走几日，也多是来去匆匆。但不管是在南疆宁静的小镇，还是于北国喧闹的城市，只要走到街面，我总能见到出售宜兴紫砂壶的店铺与地摊。它们或挂有“百年壶珍”的招牌，或贴着“某某大师亲制”的标签，但过往行人却对其漠然视之。“百年”及“大师”的陶皿，即使砍价至10块钱，顾客也不屑解囊。

前些年，我在涉猎龙山黑陶文化时，旁及吴越陶史，得知宜兴紫砂乃中国陶艺中的“贵族”。

昔日这高堂雅舍中的“贵胄”何以沦为今日的“街头乞丐”，我虽从与书画界朋友们的交谈中略知一二，但对个中缘由却未作深究。

2001年暮春，我应邀到苏州同里镇参加为期两天的散文笔会，因紫砂的故乡距同里不远，便借机去了趟宜兴。

宜兴古谓荆邑，秦时易名阳羡，宋代改称宜兴。它东濒碧波万顷的太湖，南部、西部多山。这一带水沛雨丰，山温地暖，随处可见茶岭叠翠，幽泉溅珠，竹篁成荫，鱼米丝麻，莲藕菱茨，称得上是典型的江南仙乡。难怪苏东坡晚岁曾买田在阳羡归隐，且在《菩萨蛮》词中吟道：“买田阳羡吾将老，从来只为溪山好。”

宜兴紫砂，是中国茶文化与陶文化相糅相融的产物。特别到了宋代，茶事与陶艺简直成了一双如影随形的“连体婴儿”。

中国是世界上最早发现和利用茶的国度。神农《本草经》载：“神农尝百草，一日遇七十二毒，得茶而解。”但茶作为一种饮料，始自东汉末年。至南北朝时，品茶啜茗还仅是上流社会的一种风雅，且局限于南方。而掌管北朝的游牧民族的士大夫们，对茶仍多有鄙视，将茶视为“奶酪的奴仆”。《洛阳伽蓝记》中云：“朝贵宴会，虽设茗饮，皆不复食。”北朝名士任瞻初抵石头城（今南京）赴宴时，见席中有茶，闻之清香扑鼻，便一饮而尽，并征问此乃茶乎茗乎。茶、茗本系一物，南朝墨客见北朝名士这等寡见少闻，竟忘却礼节，举座笑而喷饭。唐朝以降，茶才进入柴门蓬户，普及民间。当时不论京都大邑，还是路边驿站，皆设茶铺，过往行客，“不问道俗，投钱取饮”。这时，上流社会对饮茶器皿也渐趋讲究。

唐人陆羽在《茶经》中，不仅对茶的种类给予详尽诠释，且对当时煮茶、烹茶、饮茶用的贮器、洁器、瓯、盌等也加以等级上的说明："……邢瓷类银，越瓷类玉，邢不如越，一也。若邢瓷类雪，则越瓷类冰，邢不如越，二也。邢瓷白而茶色丹，越瓷青而茶色绿，邢不如越，三也……"燕赵邢地的磁州，是享誉世界的古瓷都。1980年，美国曾召集诸多国家的学者（没邀中国参加），在纽约专门召开了"磁州窑系研讨会"。当今，莫说汉唐时磁州窑的一完整瓷皿，即使一较大的瓷片，也会被洋人视为珍物。不知道吴越人士曾给了茶圣陆羽老先生什么好处，他竟那般扬吴越之瓷具而抑燕赵之茶皿。

宜兴的茶与吴越的瓷，在唐时曾一度齐名，彰昭神州。唐诗人卢仝在名作《走笔谢孟谏议寄新茶》一诗中吟道："天子须尝阳羡茶，百草不敢先开花。"但宜兴陶业的肇始发轫，却远远早于茶树的栽植培育。

相传，越国大夫范蠡襄助越王勾践灭吴王夫差之后，功成身退，携绝代美人西施归隐宜兴，易名陶朱公，烧造陶器。历史上，人们常将范蠡称作吴越之地的"陶祖"。但新中国成立后，宜兴大量的地下文化遗存无不佐证，宜兴之陶业与齐鲁的龙山文化，可谓同步异举。因从新石器时代始，陶皿就成为先民的主要生活用具，故而使得膏腴之地宜兴的制业薪尽火传，历年久而益昌。

紫砂茶具的行世，滥觞于宋代。此时，吴越人品茶之风日盛，且认定茶色以鲜白为胜，而黑中见紫的宜兴茶皿，最宜映衬茶色。当今，宜兴虽无宋代完整的紫砂传器什袭而藏，但其时的墨客骚人，却对紫砂多有咏唱。梅尧臣在《宛陵集》中有诗云："小石冷泉留早味，紫泥新品泛春华"；"雪贮双砂罂，诗琢无玉瑕"。欧阳修亦有诗赞曰："喜共紫瓯吟且酌。"元人蔡司霑在《霁园丛话》中也记述道：“余于白下获一砂罐（俗称壶为罐），有‘且吃茶，清隐’草书五字，为孙高士遗物，每以泡茶，古雅绝伦。”蔡氏文中所提及的孙高士，号清隐，元末人，曾命其斋号为“且吃茶处”。但将宜兴羊角山出土的宋元时的紫砂残器，与明清传器进行类比、辨析，便感宋元紫砂胎质尚嫌粗糙，制作亦欠精致。

宜兴紫砂在域内妇孺皆知，在海外芳名远播是明清以后的事。

紫砂真正成为陶艺中的奇葩，起始于朱明王朝中叶。时宜兴金沙寺有一高僧，隐姓匿名，如闲云野鹤，优哉游哉，后人称其为金沙僧。这山僧素喜与制盆捏碗的陶工相处，他有时取些细泥，加以澄炼，规而圆之，捏筑成胎，再用竹刃刳空壶心，继将壶嘴、壶把、壶盖安诸其上，装进陶窑，与陶工们做的碗盆一起烧成。这时，有一名唤“供春”的人，见山僧制壶之技迥乎寻常，便隔墙学艺，窃仿山僧心匠。供春凭其悟性与灵性，将山僧削竹如刃的捏做之法变为斫木为模之技。今日宜兴人，将供春视为紫砂壶的创始者。

在砂艺史上，宜兴人最推崇的是供春之后的时大彬。一代宗师时氏，革图易虑，将供春的木模制壶法变为用泥条镶接拍打，凭空成型。靠着他那双灵巧多变的手，制成把把珍壶，将匠人那拟规画圆的死板制品变成了灵性飞动的艺术。《名陶录》中云：“天生时大彬通神，千奇万状信手出。”时氏的传器，今已凤毛麟角，国家藏馆及收藏家均将之视为昆山片玉，夜光之璧。

砂艺之花的绽开，有赖于宜兴得天独有的砂泥的孳乳。

“人间珠玉安足取，岂如阳羡溪头一丸土。”前人对宜兴紫砂泥的赞叹，极言了斯地泥土之珍贵。依现代科技所做的测试分析，发现紫砂所含黏土，属于水云母、高岭、石英类型，不但含铁量高，且显微结构中存有大量团聚体，这就使得此地的砂泥不仅可塑性强，且具有特别良好的透气性，最宜于制作。宜兴砂艺所用泥料，有紫泥、绿泥、红泥三种，统称紫砂泥。即使在宜兴，这紫砂泥也不是到处都有，仅藏匿于本山、鼎山、黄龙山等地。它们有的深埋于十几丈深的岩层之下，且厚度仅几十厘米到一米左右不等，开采颇为不易。有的砂泥还善徙，深掘时，刚刚发现它的“倩影”，挖之掘之又不见其踪，不得不在其周围另掏穴十数丈，再作寻觅……

壶以泥塑，泥以壶显。正是这些珍贵之泥，才使得自明以来，制壶高手辈出，各逞屠龙之技，自出机杼，拔新领异，珍品迭现。

《阳羡砂壶考》中，有这样语次崛奇的描述：“……茗壶，阳羡砂制，端宜沦茗（意为最宜沏茶），无铜锡之败味，无金银之奢靡；而善蕴茗香，适于实用一也。名工代出，探古搜奇，或仿商周，或摩汉魏，旁及花果，偶肖动物，或匠心独运，韵致怡人，几案陈之，令人意远二也。历代文人或撰壶铭，或书款识，或镌以花卉，或锓以印章，托物寓意，每见巧思；书法不群，别饶韵格，虽景德名瓷价逾钜万，然每出匠人之手，向鲜文翰可观（意为向来缺乏翰墨意蕴），含斯雅趣三也……”这清代的才子文章告诉我们，明清以来，砂艺不仅和茶文化互相洇润，也与书画、金石、诗文、雕刻等艺术门类融为一体。

明末清初，两朝更替，社会初安。砂艺既承袭了明代器珍的精华，又问牛知马，钩深致远。当时，最杰出的砂艺大师当首推陈鸣远。80年代末，我曾目睹过陈氏的两件壶珍。一为“束柴三友壶”，此作看似用三束山柴合成，壶腰有野藤箍扎，壶嘴、提把状似树根。这壶珍浑然天成，质朴中见大方，古拙里藏高雅。二是“马上封侯壶”，此作状同一矮矮松墩，一匹红马卧入壶盖之上，神形兼备，壶身有镂雕的顽猴，攀援于松枝之间，动作机敏……赏读陈氏壶珍，令人目眩神迷，此等镂月裁云之物，巧不可阶，有谁会忍心将其当作茶皿！

因陈鸣远名噪砂史，后人仿者甚众。但伪冒赝品仅拾得陈氏之唾余，难获鸣远之神韵，辄是依样葫芦，刻鹤类鹜。

文化人参与砂艺创作并卓有声华者，当数清人陈曼生。这位嘉庆六年的拔贡，书画金石诗文均名重一时。曼生在溧阳做县宰时，常与宜兴的紫砂艺人杨彭年一起合作，彭年制壶，曼生刻写。从两人留下的三五真器上看，其书法、诗文、印章、款式，书卷气息醇厚，时见天趣。当时，比杨彭年制砂技艺高超者不乏其人，但曼生与彭年在砂艺史上得以昭著，实属“壶随字贵，字依壶传”。

明清以来的紫砂工艺，大抵可分为三种档次。一是普及品，购者多注重实用，价格能为温饱之家所接受；二是半观赏半实用的砂器，购者多为殷实富户；三乃砂器之珍，常被侯门鼎贵、名公巨卿、财阀寡头以重金购藏。

当“赵公元帅”派遣的魔鬼与艺术的天使相纠相缠时，艺术必然会受到亵渎和侵害。同其他艺术创作一样，陶艺家只有耐得住寂寞与清贫，才能获得心灵上的创作自由。清人邵大亨是名垂砂艺史的大家，因邵氏宗谱毁于十年“文革”，其生卒不详，大约生于乾隆晚期，卒于道光末年。大亨生性落拓不羁，疏放旷达。此公或竟日漫游山林，枕石梦蝶；或数时闲坐危崖，目送飞鸿。意有所得时，大亨才逸兴遄发，偶成一器，其作品诡谲乖张，一改盛清时砂器宫廷化的繁缛靡华之气，重新强化了砂器的质朴与大度。大亨秉性强项不屈，向不以珍器事权贵。时有一邑令，久慕大亨才名，特选购精泥细砂，派仆役将大亨恭请于府，并许以重金，让其制作壶珍。大亨留府十余日，假托紫泥欠精，捏一劣品以敷衍。邑令大怒，令衙役挥杖责打，大亨竟声色不动……大亨的传器，师造化师自然，神完气足，精美绝伦，赏之，如醍醐灌顶，收藏家获之爱之，珍如拱璧。

明清以来，宜兴砂艺史上，留下了时大彬、陈鸣远、陈曼生、邵大亨等一串灿若星斗的名字。解放后，紫砂工艺曾一度大放其辉，度越前贤。在宜兴当代十数位砂艺名家中，执牛耳者为顾景舟老先生。顾老集诗、书、画、篆、艺、烧于一身，其作品天造地设，无斧凿之痕。著名红学家冯其庸老先生与顾老论交近半个世纪，曾赋诗赠顾老云：“弹指论交四十年，紫泥一握玉生烟。几回夜雨烹春茗，话到沧桑欲曙天。”从不轻许于人的冯老先生这样推重顾老，可见顾老的砂艺已臻入莲界。

然而，当时属计划经济，市场观念处于全民性休眠状态。艺术市场上，可谓“门庭之凄寂，则冷淡如僧，笔墨之耕耘，则萧条似钵”。50年代，齐白石的四尺花鸟60元一幅，便令国人咋舌；吴作人的一幅金鱼标价20元，购者也寡；至于颇有名气的某书法家之墨宝，标价仅为区区二角。其时，对于“口干解渴，唯茶是尚”的中国百姓来说，难有余钱去购买名茶名壶，舌干唇燥时，只能端起粗糙耐用的黑碗，“牛饮茶汤”。在此景况下，宜兴砂艺名家的手器，其价格也可想而知。

改革开放后，百姓的生活先有温饱又奔小康，人们过去那胃中只有淀粉、肠内缺少脂肪的躯体，开始有了油水的润泽。钱袋先鼓起来的一部分人，自然会对饮茶讲究起来。他们不仅对茶叶进行精择，对茶具也开始挑剔。随着国门洞开，海外的巨商大贾接踵涌入，书画、古玩、工艺品遂也成了他们收藏的目标。这就使得域内海外的众多目光，同时投向了陶都宜兴。

紫砂工艺，迎来千载难逢的发展机遇。

古人云："从来佳茗似佳人。"作为与佳茗厮守相伴的紫砂珍器，自然更是人们心仪的"美媛丽姝"。

地处长江下游"金三角"的宜兴，商品意识的萌发早于北方，聪明的宜兴人，自然懂得紫砂是宜兴通行四海的"大名片"。于是，便借紫砂文化搭台，唱经济发展大戏。

1980 年，宜兴在北京举办紫砂壶大展，一时引得观者如堵，鲜活的艺术常能激扬人的生命，紫砂珍品的光彩一下燃亮了众多的眼睛。艺术界的高人显士，既击节明清紫砂传器的孤峰独秀，也扼腕当代紫砂珍品的巧夺天工。时有港台来的文化掮客窥得其中发财之妙，竟纷纷敛收一批当代名手顾景舟、徐秀堂、徐汉堂、汪寅仙、周桂珍等制作的器珍，携至港、台出手。他们低买高卖，竟利市百倍。

这期间，宜兴的制砂厂家，盛邀书坛、画界的名宿新秀，前往宜兴与当地制砂名手联袂创作。斯时，宜兴紫砂就像窑中的火焰，借风吹炉，既燃亮了自己，也光被了他人。当代排名前十位的画坛巨匠，几乎都参与了紫砂的创作。他们或参与设计，或亲拟构图，或题款识，或撰铭文，名画家与名制砂高手的"双名"结合，当然不是一加一的算式，他们倾注心血的创造性的劳动，无疑会在这片紫砂艺苑里开出绚丽的花朵。

80 年代中期，"宜兴紫砂珍品展"曾在香港湾仔会展中心举办，展品逾千件。既有明清传器，亦有“双名”合作的壶珍。这次展览轰动香江，展出期间，展览大厅内外，天天人到熙熙，车到攘攘。那些明清传器，属国家和私人藏品，举办者仅让观众饱饱眼福，收藏家出价再高也遭婉拒。当代“双名”合作的砂壶，一下成了收藏热点，它们之卖价多为五六十万元一把，最高者竟卖到百万港元之巨。

这是一种特异的文化现象。一把仅盈握的泥制小壶，此时的价格已远在黄金、象牙、美玉、翡翠之上。名副其实的艺术珍品，应该不受市场价格的限制，这也是艺术魅力的所在。

见紫砂不是黄金胜似黄金，在这连空气中都弥散着金钱气味的社会里，不论单位还是个人，很难摆脱“孔方兄”的诱惑。

70年代，宜兴紫砂厂家仅有一二，见紫砂茶具如此高昂腾贵，便一拥而上，很快陡增至近三十个厂家。个体户更是不甘落伍，亦纷纷纠集起几个不入流的陶工，干起紫砂壶生意。一时间，整个宜兴紫砂厂和作坊遍地林立，紫砂茶具压颤了宜兴宽街狭间。此时的紫砂，再也不是“物以稀为贵”了。与此同时，宜兴周边一些乡村城镇，全国各地某些可制陶具的地方，也群起制作紫色茶具，皆想搭乘宜兴紫砂的“名车”，去载富驮宝。

民间曾给善于造假的甲地，杜撰出一个听来令人啼笑皆非的故事：某城市有一对夫妇，年届四十仍未生育，从善造假之甲地出高价购得一两岁男童。这男童虽生自农家，却活泼俊秀，夫妇俩喜滋滋抱回家后，忙给稚童沐浴。谁知，男童那“小雀儿”竟在浴盆里溶而化之。原来那“小雀儿”乃泥塑而成，足能以假乱真……有人曾刻薄地讥讽曰：“当今除母亲是真的外，余者皆可打个问号。”宜兴紫砂泥，本系稀有资源，全国各地的小摊上，摆了那么多的紫砂器具，谁晓得它们是出自哪个臭泥塘中的污泥；鬼知道它们是来自哪个乱葬岗子的土块，抑或还涂上了含毒的颜色……至此，陶艺中的“贵族”紫砂，被人们视作土牛木马，竹头木屑，甚至当成祸枣灾梨，便就不难理喻了。

真正的紫砂珍器，并没有被世间的嚣尘所淹没。明清以来名家的壶珍，其价格仍是天文数字。艺术乃人类德行的宝库。前几年谢世的景舟先生，生前不以名骄，不为利动，创作态度极为严肃，至晚岁每年仅制珍壶一二把。近闻，美国大都会博物馆出八万美金，购买他和一名画家合作的砂壶，作为永久性的馆藏。收藏者尚不知，此作并非顾老的代表作，仅是老先生生前馈赠台湾一友人的应酬性砂器。

我没有打扰过宜兴的任何人士，仅在这里逗留了大半天。我看到，这座古老的文化名城，并没有因紫砂业由盛极一时到跌入低谷而沉睡，它仍在紧紧跟随时代的步履而勇毅前行了，它的经济发展速度，仍在全国同级城市中遥遥领先。我相信，就紫砂艺术而言，也会物极必反，否极泰来。

因为紫砂艺术的美质，毕竟深深根植在这片充满吴越古文明的土地里。

2001 年 8 月 24 日于济南

茶杯

贾平凹

我戒酒后，嗜茶，多置茶具，先是用一大口粗碗，碗沿割嘴，又换成宜兴小壶，隔夜茶味不馊，且壶嘴小巧，噙吮有爱情感。用过三月，缺点是透壶不能瞧见颜色，揭盖儿也只看着是白水一般，使那些款爷们来家了，并不知道我现在饮的是龙井珍品！便再换一玻璃杯，法兰西的，样子简约大方，泡了碧螺春，看薄雾绿痕，叶子发展，活活如枝头再生。便写条幅挂在墙上：无事乱翻书，有茶请待客。人便传我家有好茶，一传二，二传三，三传无数，每日来家饮茶人多，我纵然有几个稿酬，哪里又能这么贡献？藏在冰箱中的上等茶日日减少了。还有甚者，我写作时，烟是一根一根抽，茶要一杯一杯饮的，烟可以不影响思绪在烟盒中去摸，茶杯却得放下笔去加水，许多好句就因此被断了。于是想改换大点茶杯，去街上数家瓷店，杯子都是小，甚至越来越到沙果般小，店主说，现在富贵闲人多，饮茶讲究品的。我无富贵，更无有闲，写作时吸烟如吸氧，饮茶也如钻井要注水一样，是身体与精神都需要的事，品能品出文章来？

十月十五日，本单位的宋老兄说过要请吃的，割八斤羊肉，红焖一顿，但却迟迟没动静，去穆老弟处打问，却见他桌上有一杯，高有六寸，粗到双掌张开方能围拢，还有个盖儿，通体白色，着青色山水楼阁人物图，古也不古，形状极其厚朴，顿生掠夺之心。问是哪儿买的，不嗜茶的人却用这等杯子？穆老弟口吻严重，说是专制的，无处可买，又说：你想要了，可以给你，得写一幅字交易。我惜我书法，素不轻易送人，说：一个杯子一千元呀？！却还是当下写就，清洗了杯子携回。

从此饮茶用此杯，日晚不离案头。此杯之好，泡茶能观茶形水色，又不让谋我茶的人从外看见，仅我独享，抓盖顶疙瘩，椭圆洁腻，如温雪，如触人乳头。最合意的是它憨拙，搂在手中，或放在桌上，侧面看去，杯把儿作人耳，杯子就若人头，感觉里与可交之人相交。写作时不停地饮，视那里盛了万斛，也能饮得我满腹的文章。

我常想，世上能用此等大杯饮茶的，一是长途汽车的司机，二就是我了，都是靠苦力吃饭的人。但司机多用罐头瓶、咖啡瓶当壶，我却是青花白瓷杯，这便是写作人仅有的一点清高吧？李白有过一句“唯有饮者留其名”，如果饮者不仅指饮酒，也该有饮茶，那我就属饮者之列了。今冬里，家有来客见我皆笑，说是个头小茶杯大。我笑而不答，但得大杯之趣了，是不与他人传授的。

1996年11月22日早 写

泡茶馆

汪曾祺

“泡茶馆”是联大学生特有的语言。本地原来似无此说法，木地人只说“坐茶馆”。“泡”是北京话，其含义很难准确地解释清楚。勉强解释，只能说是持续长久地沉浸其中，像泡泡菜似的泡在里面。“泡蘑菇”“穷泡”，都有长久的意思。北京的学生把北京的“泡”字带到了昆明，和现实生活结合起来，便创造出一个新的语汇。“泡茶馆”，即长时间地在茶馆里坐着。本地的“坐茶馆”也含有时间较长的意思。到茶馆里去，首先是坐，其次才是喝茶（云南叫吃茶）。不过联大的学生在茶馆里坐的时间往往比本地人长得多，故谓之“泡”。

有一个姓陆的同学，是一怪人，曾经骑自行车旅行半个中国。这人真是一个泡茶馆的冠军。他有一个时期，整天在一家熟识的茶馆里泡着。他的盥洗用具就放在这家茶馆里，一起来就到茶馆里去洗脸刷牙，然后坐下来，泡一碗茶，吃两个烧饼，看书。一直到中午，起身出去吃午饭。吃了饭，又是一碗茶，直到吃晚饭。晚饭后，又是一碗，直到街上灯火阑珊，才挟着一本很厚的书回宿舍睡觉。

昆明的茶馆共分几类，我不知道。大别起来，只能分为两类，一类是大茶馆，一类是小茶馆。

正义路原先有一家很大的茶馆，楼上楼下，有几十张桌子。都是荸荠紫漆的八仙桌，很鲜亮。因为在热闹地区，坐客常满，人声嘈杂。所有的柱子上都贴着一张很醒目的字条：“莫谈国事。”时常进来一个看相的术士，一手捧一个六寸来高的硬纸片，上书该术士的大名（只能叫作大名，因为往往不带姓，不能叫“姓名”；又不能叫“法名”“艺名”，因为他并未出家，也不唱戏），一只手捏着一根纸媒子，在茶桌间绕来绕去，嘴里念说着“送看手相不要钱”“送看手相不要钱”——他手里这根媒子即是看手相时用来指示手纹的。

这种大茶馆有时唱围鼓，围鼓即由演员或票友清唱，我很喜欢“围鼓”这个词。唱围鼓的演员、票友好像是不取报酬的，只是一群有同好的闲人聚拢来唱着玩，但茶馆却可借来招揽顾客，所以茶馆里便于闹市张贴告条：“某月日围鼓”。到这样的茶馆里来一边听围鼓，一边吃茶，也就叫作“吃围鼓茶”。“围鼓”这个词大概是从四川来的，但昆明的围鼓似多唱滇剧。

我在昆明七年，对滇剧始终没有入门。只记得不知什么戏里有一句唱词“孤王头上长青苔”。孤王的头上如何会长青苔呢？这个设想实在是奇绝，因此一听就永不能忘。

我要说的不是那种“大茶馆”。这类大茶馆我很少涉足，而且有些大茶馆，包括正义路那家兴隆鼎盛的大茶馆，后来大都陆续停闭了。我所说的是联大附近的茶馆。

从西南联大新校舍出来，有两条街，凤翥街和文林街，都不长。这两条街上至少有不下十家茶馆。

从联大新校舍，往东，折向南，进一座砖砌的小牌楼式的街门，便是凤翥街。街角右手第一家便是一家茶馆。这是一家小茶馆，只有三张茶桌，而且大小不等、形状不一的茶具也是比较粗糙的、随意画了几笔兰花的盖碗。除了卖茶，檐下挂着大串大串的草鞋和地瓜（即湖南人所谓的凉薯），这也是卖的。张罗茶座的是一个女人。这女人长得很强壮，皮色也颇白净。她生了好些孩子，身边常有两个孩子围着她转，手里还抱着一个。她经常敞着怀，一边奶着那个早该断奶的孩子，一边为客人冲茶。她的丈夫，比她大得多，状如猿猴，而目光锐利如鹰。他什么事情也不管，但是每天下午却捧了一个大碗喝牛奶。这个男人是一头种畜。这情况使我们颇为不解。这个白皙强壮的妇人，只凭一天卖几碗茶，卖一点草鞋、地瓜，怎么能喂饱了这么多张嘴，还能供应一个懒惰的丈夫每天喝牛奶呢？怪事！中国的妇女似乎有一种天授的惊人的耐力，多大的负担也压不垮。

由这家往前走几步，斜对面，曾经开过一家专门招徕大学生的新式茶馆。这家茶馆的桌椅都是新打的，涂了黑漆。堂倌系着白围裙。卖茶用细白瓷壶，不用盖碗(昆明茶馆卖茶一般都用盖碗)。除了清茶,还卖沱茶、香片、龙井。本地茶客从门外过,伸头看看这茶馆的局面,再看看里面坐得满满的大学生,就会挪步另走一家了。这家茶馆没有什么值得一记的事,而且开了不久就关了。联大学生至今还记得这家茶馆是因为隔壁有一家卖花生米的。这家似乎没有男人,站柜卖货是姑嫂两人,都还年轻,成天涂脂抹粉。尤其是那个小姑子,见人走过,辄作媚笑。联大学生叫她花生西施。这西施卖花生米是看人行事的,好看的来买,就给得多,难看的给得少。因此我们每次买花生米都推选一个挺拔英俊的"小生"去。

再往前几步,路东,是一个绍兴人开的茶馆。这位绍兴老板不知怎么会跑到昆明来,又不知为什么在这条小小的凤翥街上来开一爿茶馆。他至今乡音未改。大概他有一种独在异乡为异客的情绪,所以对待从外地来的联大学生异常亲热。他这茶馆里除了卖清茶,还卖一点芙蓉糕、萨其玛、月饼、桃酥,都装一个玻璃匣子里。我们有时觉得肚子里有点缺空而又不到吃饭的时候,便到他这里一边喝茶一边吃两块点心。有一个善于吹口琴的姓王的同学经常在绍兴人茶馆喝茶。他喝茶,可以欠账。不但喝茶可以欠账,我们有时想看电影而没有钱,就由这位口琴专家出面向绍兴老板借一点。绍兴老板每次都是欣然地打开钱柜,拿出我们需要的数目。我们于是欢欣鼓舞,兴高采烈,迈开大步,直奔南屏电影院。

再往前,走过十来家店铺,便是凤翥街口,路东路西各有一家茶馆。

路东一家较小,很干净,茶桌不多。掌柜的是个瘦瘦的男人,有几个孩子。掌柜的事情多,为客人冲茶续水,大都由一个十三四岁的大儿子担任,我们称他这个儿子为"主任儿子"。街西那家又脏又乱,地面坑洼不平,一地的烟头、火柴棍、瓜子皮。茶桌也是七大八小，摇摇晃晃，但是生意却特别好。从早到晚，人坐得满满的。也许是因为风水好，这家茶馆正在凤翥街和龙翔街交接处，门面一边对着凤翥街，一边对着龙翔街，坐在茶馆两条街上的热闹都看得见。到这家吃茶的全部是本地人，本街的闲人、赶马的“马锅头”、卖柴的、卖菜的。他们都抽叶子烟。要了茶以后，便从怀里掏出一个烟盒——圆形，皮制的，外面涂着一层黑漆，打开来，揭开覆盖着的菜叶，拿出剪好的金堂叶子，一支一支地卷起来。茶馆的墙壁上张贴、涂抹得乱七八糟。但我却于西墙上发现了一首诗，一首真正的诗：

记得旧时好，
跟随爹爹去吃茶。
门前磨螺壳，
巷口弄泥沙。

是用墨笔题写在墙上的。这使我大为惊异了。这是什么人写的呢？

每天下午，有一个盲人到这家茶馆来卖唱。他打着扬琴，说唱着。照现在的说法，这应是一种曲艺，但这种曲艺该叫什么名称，我一直没有打听着。我问过“主任儿子”，他说是“唱扬琴的”，我想不是。他唱的是什么？我有一次特意站下来听了一会儿，是：

…………
良田美地卖了，

高楼大厦折了，

娇妻美妾跑了，

狐皮袍子当了……

我想了想，哦，这是一首劝戒鸦片的歌，他这唱的是鸦片烟之为害。这是什么时候传下来的呢？说不定是林则徐时代某一忧国之士的作品。但是这个盲人只管唱他的，茶客们似乎都没有在听，他们仍然在说话，各人想自己的心事。到了天黑，这个盲人背着扬琴，点着马杆，踽踽地走回家去。我常常想：他今天能吃饱吗？

进大西门，是文林街，挨着城门口就是一家茶馆。这是一家最无趣味的茶馆。茶馆墙上的镜框里装的是美国电影明星的照片，蓓蒂·黛维丝、奥丽薇·德·哈弗兰、克拉克·盖博、泰伦宝华……除了卖茶，还卖咖啡、可可。这家的特点是：进进出出的除了穿西服和麂皮夹克的比较有钱的男同学外，还有把头发卷成一根一根香肠似的女同学。有时到了星期六，还开舞会。茶馆的门关了，从里面传出《蓝色的多瑙河》和《风流寡妇》舞曲，里面正在"嘣嚓嚓"。

和这家斜对着的一家，跟这家截然不同。这家茶馆除卖茶，还卖煎血肠。这种血肠是牦牛肠子灌的，煎起来一街都闻见一种极其强烈的气味，说不清是异香还是奇臭。这种西藏食品，那些把头发卷成香肠一样的女同学是绝对不敢问津的。

由这两家茶馆，往东，不远几步，面南，便可折向钱局街。街上有一家老式的茶馆，楼上楼下，茶座不少。说这家茶馆是"老式"的，是因为茶馆备有烟筒，可以租用。一段青竹，旁安一个粗如小指半尺长的竹管，一头装一个带爪的莲蓬嘴，这便是“烟筒”。在莲蓬嘴里装了烟丝，点以纸媒，把整个嘴埋在筒口内，尽力猛吸，筒内的水咚咚作响，浓烟便直灌肺腑，顿时觉得浑身通泰。吸烟筒要有点功夫，不会吸的吸不出烟来。茶馆的烟筒比家用的粗得多，高齐桌面，吸完就靠在桌腿边，吸时尤需底气充足。这家茶馆门前，有一个小摊，卖酸角（不知什么树上结的，形状有点像皂荚，极酸，入口使人攒眉）、拐枣（也是树上结的，应该算是果子，状如鸡爪，一疙瘩一疙瘩的，有的地方即叫作鸡脚爪，味道很怪，像红糖，又有点像甘草）和泡梨（糖梨泡在盐水里，梨味本是酸甜的，昆明人却偏于盐水内泡而食之。泡梨仍有梨香，而梨肉极脆嫩）。过了春节则有人于门前卖葛根。葛根是药，我过去只在中药铺见过，切成四方的棋子块儿，是已经经过加工的了。原物是什么样子，我是在昆明才见到的。这种东西可以当零食来吃，我也是在昆明才知道。一截根，粗如手臂，横放在一块板上，外包一块湿布。给很少的钱，卖葛根的便操起有点像北京切涮羊肉的肉片用的那种薄刃长刀，切下薄薄的几片给你。雪白的，嚼起来有点像干瓤的生白薯片，而有极重的药味。据说葛根能清火。联大的同学大概很少人吃过葛根，我是什么奇奇怪怪的东西都要买一点尝一尝的。

大学二年级那一年，我和两个外文系的同学经常一早就坐到这家茶馆靠窗的一张桌边，各自看自己的书，有时整整坐一上午，彼此不交语。我这时才开始写作，我的最初几篇小说，即是在这家茶馆里写的。茶馆离翠湖很近，从翠湖吹来的风里，时时带有水浮莲的气味。

回到文林街。文林街中，正对府甬道，后来新开了一家茶馆。这家茶馆的特点一是卖茶用玻璃杯，不用盖碗，也不用壶。不卖清茶，卖绿茶和红茶。红茶色如玫瑰，绿茶苦如猪胆。第二是茶桌较少，且覆有玻璃桌面。在这样的桌子上打桥牌实在是再适合不过了，因此到这家茶馆来喝茶的，大都是来打桥牌的，这茶馆实在是一个桥牌俱乐部。联大打桥牌之风很盛。有一个姓马的同学每天到这里打桥牌。解放后，我才知道他是老地下党员，昆明学生运动的领导人之一。学生运动搞得那样热火朝天，他每天都只是很闲在，很热衷地在打桥牌，谁也看不出他和学生运动有什么关系。

文林街的东头，有一家茶馆，是一个广东人开的，字号就叫“广发茶社”——昆明的茶馆我记得字号的只有这一家，原因之一，是我后来住在民强巷，离广发很近，经常到这家去。原因之二是——经常聚在这家茶馆里的，有几个助教、研究生和高年级的学生。这些人多多少少有一点玩世不恭。那时联大同学常组织什么学会，我们对这些俨乎其然的学会微存嘲讽之意。有一天，广发的茶友之一说：“咱们这也是一个学会——广发学会！”这本是一句茶余的笑话。不料广发的茶友之一，解放后，在一次运动中被整得不可开交，胡乱交代问题，说他曾参加过“广发学会”。这就惹下了麻烦。几次有人专程到北京来外调“广发学会”问题。被调查的人心里想笑，又笑不出来，因为来外调的政工人员态度非常严肃。广发茶馆代卖广东点心。所谓广东点心，其实只是包了不同味道的甜馅的小小的酥饼，面上却一律贴了几片香菜叶子，这大概是这一家饼师的特有的手艺。我在别处吃过广东点心，就没有见过面上贴有香菜叶子的——至少不是每一块都贴。

或问：泡茶馆对联大学生有些什么影响？答曰：第一，可以养其浩然之气。联大的学生自然也是贤愚不等，但多数是比较正派的。那是一个污浊而混乱的时代，学生生活又穷困得近乎潦倒，但是很多人却能自许清高，鄙视庸俗，并能保持绿意葱茏的幽默感，用来对付恶浊和穷困，并不颓丧灰心，这跟泡茶馆是有些关系的。第二，茶馆出人才。联大学生上茶馆，并不是穷泡，除了瞎聊，大部分时间都是用来读书的。联大图书馆座位不多，宿舍里没有桌凳，看书多半在茶馆里。联大同学上茶馆很少不挟着一本乃至几本书的。不少人的论文、读书报告，都是在茶馆写的。有一年一位姓石的讲师的《哲学概论》期终考试，我就是把考卷拿到茶馆里去答好了再交上去的。联大八年，出了很多人才。研究联大校史，搞“人才学”，不能不了解了解联大附近的茶馆。第三，泡茶馆可以接触社会。我对各种各样的人、各种各样的生活都发生兴趣，都想了解了解，跟泡茶馆有一定关系。如果我现在还算一个写小说的人，那么我这个小说家是在昆明的茶馆里泡出来的。

1984 年 5 月 13 日

茶馆

黄裳

四川的茶馆，实在是不平凡的地方。普通讲到茶馆，似乎并不觉得怎么稀奇，上海、苏州，北平的中山公园……就都有的。然而这些如果与四川的茶馆相比，总不免有小巫之感。而且茶客的流品也很有区别。坐在北平中山公园的大槐树下吃茶，总非雅人如钱玄同先生不可罢？我们很难想象短装的朋友坐在精致的藤椅子上品茗。苏州的茶馆呢，里边差不多全是手提鸟笼、头戴瓜皮小帽的茶客，在丰子恺先生的漫画中，就曾经出现过这种人物。总之，他们差不多全是有闲阶级，以茶馆为消闲遣日的所在的。四川则不然。在茶馆里可以找到社会上各色的人物。警察与挑夫同座，而隔壁则是西服革履的朋友。大学生借这里做自修室，生意人借这儿做交易所，真是，其为用也，不亦大乎！

一路入蜀，在广元开始看见了茶馆，我在郊外等车，一个人泡了一碗茶坐在路边的茶座上，对面是一片远山，真是相看两不厌，令人有些悠然意远。后来入川愈深，茶馆也愈来愈多。到成都，可以说是登峰造极了。成都有那么多街，几乎每条街都有两三家茶楼，楼里的人总是满满的。大些的茶楼如春熙路上玉带桥边的几家，都可以坐上几百人。开水茶壶飞来飞去，总有几十把，热闹可想。这种宏大的规模，恐怕不是别的地方可比的。成都的茶楼除了规模的大而外，更还有别的可喜之处，这是与坐落的所在有关的。像薛涛井畔就有许多茶座，在参天的翠竹之下，夏天去坐一下，应当是不坏的罢。吟诗楼上也有临江的茶座，只可惜楼前的江水，颇不深广，那一棵树也瘦小得可怜，对岸更是黑色的房子，大概是工厂之类，看了令人起一种局促之感，在这一点上，不及豁蒙楼远矣。然而究竟地方是好的，如果稍稍运用一点怀古的联想，也就颇有意思了。

武侯祠里也有好几处茶座。一进门的森森古柏下面有，进去套院的流水池边的水阁上也有。这些地方还兼营饭菜，品茗之余，又可小酌，实在也是值得流连的地方。

成都城里的少城公园的一家茶座，以用薛涛井水作号召，说是如果有人尝出并非薛涛井水者当奖洋元若干云云。这件事可以看出成都人的风雅，真有如那一句话，有些雅得俗起来了。其实薛涛井水以造笺有名，不听见说可以煮得好茶。从这里就又可以悟出中国的世情，只要有名，便无论什么都变成了好的。只要看到街上的匾额，并不都是名书家所题，就可以得知此中消息了。

大些的茶楼总还有着清唱或说书，使茶客在品茗之余可以消遣。不过这些地方，我都不曾光顾过。另有一种更为原始的茶馆附属品，则是“讲格言”。这次经过剑阁时，在那一条山间狭狭的古道中，古老的茶楼里看见一人在讲演，茶客也并不去注意地听。后来知道这算是慈善事业的一种，由当地的善士，出钱雇来讲给一班人听，以正风俗的。

这风俗恐怕只在深山僻壤还有留存，繁华的地方大抵是没有了的。那昏昏的灯火，茶客黯黑的脸色，无神的眼睛，讲者迟钝的声音，与那古老的瓦屋、飞出飞入的蝙蝠所酿成的一种古味，使我至今未能忘记。

随了驿运的发达，公路的增修，在某些山崖水角，宜于给旅人休息一下、打打尖的地方，都造起了新的茶馆。在过了剑阁不久，我们停在一个地方吃茶，同座的有司机等几个人。那个老板娘，胖胖的一脸福相，穿得齐齐整整，坐下来和我们攀谈起来。一开头就关照灶上，说茶钱不用收了，这使我们扰了她一碗茶。后来慢慢地谈到我们的车子是烧酒精的，现在酒精多少钱一加仑，和从此到梓潼还得翻几个大山坡，需要再添燃料了。最后就说到她还藏有几桶酒精，很愿意让给我们，价钱绝不会比市价高。司机回复说燃料在后面的车子里还有，暂时等一下再说。那位老板娘见话头不对就转头过去指着她新起的房子，还涂泥上灰的，给我们看了。她很得意地说着地基买得便宜，连工料一起不过五万元，而现在就要值到十万左右了。

到重庆后，定居在扬子江滨，地方荒僻得很，住的地方左近有一家茶馆，榜曰“凤凰楼”，这就颇使我喜欢。这家“凤凰楼”只有一大间木头搭成的楼，旁边还分出一部分来算药房。出卖草药，和一些八卦丹万金油之类的“洋药”。因为无处可去，我们整天一大半消磨在那里，就算是我们工作的地方，所以对于里边的情形相当熟习。老板弟兄三人。除老板管理茶馆事务外，老二是郎中，专管给求医者开方，老三则司取药之责。所以这一家人也很可以代表四川茶馆的另一种形式。

我很喜欢这茶馆，无事时泡一杯“菊花”坐上一两个钟头，再要点糖渍核桃仁来嚼嚼，也颇有意思。里边还有一个套阁，小小的，卷起竹帘就可以远望对江的风物，看那长江真像一条带子。尤其是在烟雨迷离的时候，白雾横江，远山也都看不清楚了。雾鬓云鬟，使我想起了古时候的美人。有时深夜我们还在那里，夜风吹来，使如豆的灯光摇摇不定。这时“幺师”（茶房）就轻轻地吹起了箫，声音很低。有几次使我弄不清这声音起自何方，后来才发现了坐在灶后面的幺师，像幽灵一样地玩弄着短短的箫，那悲哀的声音，就从那里飘起来。

有时朋友们也在凤凰楼里打打Bridge（桥牌），我不会这个，只是看看罢了。不过近来楼里贴起了“敬告来宾，严禁娱乐，如有违反，与主无涉”的告白以后，就没有人再去“娱乐”了，都改为“摆龙门阵”。这座茶楼虽小，可实在是并不寂寞的。

门前的茶馆

陆文夫

早在四十年代的初期，我住在苏州的山塘街上，对门有一家茶馆。所谓对门也只是相隔两三米，那茶馆店就像是开在我的家里。我每天坐在窗前读书，每日也就看着那爿茶馆店，那里有人生百图，十分有趣。

每至曙色萌动、鸡叫头遍的时候，对门茶馆店里就有了人声，那些茶瘾很深的老茶客，到时候就睡不着了，爬起来洗把脸，昏昏乎乎地跑进茶馆店，一杯浓茶下肚，才算是真正醒了过来，开始他一天的生涯。

第一壶茶是清胃的，洗净隔夜的沉积引起饥饿的感觉，然后吃早点。吃完早点后有些人起身走了，用现在的话说大概是去上班的。大多数的人都不走，继续喝下去，直喝到把胃里的早点都消化掉，算是吃通了。所以苏州人把上茶馆叫作孵茶馆，像老母鸡孵蛋似的坐在那里不动身。

小茶馆是个大世界，各种小贩都来兜生意，卖香烟、瓜子、花生的终日不断；卖大饼、油条、麻团的人是来供应早点。然后是各种小吃担都要在茶馆的门口停一歇，有卖油炸臭豆腐干的，卖鸡鸭血粉的，卖糖粥的，卖小馄饨的……间或还有卖唱的，一个姑娘搀着一个戴墨镜的瞎子，走到茶馆的中央，瞎子坐着，姑娘站着，姑娘尖着嗓子唱，瞎子拉着二胡伴奏。许多电影和电视片里至今还有此种镜头，总是表现那姑娘生得如何美丽，那小曲儿唱得如何动听等等之类。其实，我所见到的卖唱姑娘长得都不美，面黄肌瘦，发育不全，歌声也不悦耳，只是唤起人们的恻隐之心，给几个铜板而已。

茶馆店不仅是个卖茶的地方，孵在那里不动身的人也不仅是为了喝茶的。这里是个信息中心，交际场所，从天下大事到个人隐私，老茶客们没有不知道的，尽管那些消息有时是空穴来风，有的是七折八扣。这里还是个交易市场，许多买卖人就在茶馆店里谈生意；这里也是个聚会的场所，许多人都相约几时几刻在茶馆店里碰头。最奇怪的还有一种所谓的吃“讲茶”，把某些民事纠纷拿到茶馆店评理。双方摆开阵势，各自陈述理由，让茶客们评论，最后由一位较有权势的人裁判。此种裁判具有很大的社会约束力，失败者即使再上诉法庭，转败为胜，社会舆论也不承认，说他是买通了衙门。

对门有人吃讲茶时，我都要去听，那俨然是个法庭，双方都请了能说会道的人申述理由，和现在的律师差不多。那位有权势的地方上的头面人物坐在正中的一张茶桌上，像个法官，那些孵茶馆的老茶客就是陪审团。不过，茶馆到底不是法庭，缺少威严，动不动就大骂山门，大打出手，打得茶壶茶杯乱飞，板凳桌子断腿。这时候，茶馆店的老板站在旁边不动声色，反正一切损失都有人赔，败诉的一方承担一切费用，包括那些老茶客们一天的茶钱。

这些年，苏州城里的茶馆店逐步减少，只有在农村里的小集镇上还偶尔可见。五年前我曾经重访过山塘街上的那家茶馆，那里已经没有了茶馆的痕迹，原址上造了三间新房和一个垃圾箱。

城里的茶馆店逐步消失，主要是经济原因。开茶馆店无利可图，除掉园林和旅游点作为一种服务之外，其余的地方没人愿开茶馆店。花上几毛钱要让你在那里孵半天、孵一天，那还不够付房租和水电。不能提高到五块钱吗？谁去？当茶价提高到三毛钱的时候，许多老茶客就已经溜之大吉。只好眼睁睁地看着苏州的一大特色——茶馆的逐渐消失。

那些老茶客都溜到哪里去了呢？是不是都孵在家里品茶呢？不全是，茶馆有茶馆的功能，非家庭所能代替。坐在家里喝茶谁来与你聊天，哪来那么多的消息？那些消息都是报纸上没有的。

老茶客们自己组织自助茶馆了，此种义举常常得到机关、工厂，特别是居民委员会的支持，找一个适当的场所，支起一个煤炉，搞一些台凳，茶客们自带茶具，带有一种俱乐部的性质，不是对外营业，说它是茶馆却和过去的茶馆不完全相似。这叫“无可奈何花落去，似曾相识燕归来”。

水乡茶居

杨羽仪

在广东水乡，茶居是一大特色。

每个村庄，百步之内，必有一茶居。这些茶居，不像广州的大茶楼，可容数百人；每一小“居”，约莫只容七八张四方桌、二十来个茶客。倘若人来多了，茶居主人也不心慌，临河水榭处，湾泊着三两画舫，每舫四椅一茶几，舫中品茶，也颇有兴味。

茶居的建筑古朴雅致，小巧玲珑，多是一大半临河，一小半倚着岸边。地板和河面留着一个涨落潮的落差位。近年的茶居在建筑上有较大的变化，多用混凝土水榭式结构，也有砖木结构的，而我却偏好竹寮茶居。它用竹子做骨架，金字屋顶，覆盖着蓑衣或松树皮，临河四周也是松树皮编成的女墙，可凭栏品茗，八面来风，即便三伏天，这茶居也是一片清凉的世界。

茶居的名字，旧时多用“发记茶居”“昌源茶室”的宝号。现在，水乡人也讲斯文，常常可见“望江楼”“临江茶室”“清心茶座”等雅号。

旧时的水乡茶室，多备“一盅两件”。所谓“一盅”，便是一只铁嘴茶壶配一个瓦茶盅，壶里多放粗枝大叶，茶叶味涩而没有香气，仅可冲洗肠胃而已。所谓“两件”，多是粗糙的大件松糕、芋头糕、萝卜糕之类，虽然不怎样好吃，却也可以填肚子，干粗活的水乡人颇觉得实惠。现时，水乡人品茗，是越来越讲究了。茶居里再也不见粗枝大叶了，铁嘴壶也被淘汰了，换上白雪雪的瓷壶。柜台上陈列着十多种名茶，洞庭君山、云南普洱、西湖龙井、英德红茶……偶有一两种大众化的，也至少是茉莉花茶和荔枝红了。至于那“两件”，也绝非粗品，而是时兴的“干蒸烧卖”“透明鲜虾饺”“蛋黄鱼饼”“牛肉精丸”之类，倘要填肚子，也很少吃糕，而多取荷叶糯米鸡了。在“史无前例”的年月，糯米也被什么“化”掉了，原先渗着清气的荷叶，因为《爱莲说》的作者是士大夫，这块荷叶也应该被“清队”了，“糯米鸡”变成了“裸裸鸡”。倘糯米饭中真的裹着鸡肉，虽是“赤膊上阵”，也还不失真趣。可是，不知哪个发明家，来个偷梁换柱，把鸡肉变成一块肥猪肉，这只“糯米鸡”变成了“裸裸糯米猪”。唉，那个时代酿造的虚伪，竟也渗入“糯米鸡”的馅里！现在，水乡茶居的糯米鸡，不但恢复了传统的荷叶包裹，而且糯米饭里头的确裹着鸡肉，还拌以虾米、冬菇、云耳等珍品，色香味均属上乘，百啖不厌。

水乡人饮茶，又叫“叹”茶。那个“叹”字，是很有学问的。我想，“吃酒图醉”，而且“一醉方休”，大概不是吃酒的宗旨，“醉翁之意不在酒”嘛。会吃酒的人，邀三几个情投意合者，促膝谈心，手中举着酒杯，美美倾谈，酒中吐出真情，意真情挚，便渐渐进入古时所谓“酒三昧”的境界。“叹”茶的“叹”字，我以为是享受的意思。不论“叹”早茶或晚茶，水乡人都把它作为一种享受。他们一天辛勤劳作，各自在为新生活奔忙，带着一天的劳累和溽热，有暇“叹”一盅茶，去去心火，便是紧张生活的一种缓冲。我认为“叹”茶的兴味，未必比酒淡些，它也可以达到“醺醺而不醉”的境界。

“叹”茶的特点是慢饮。倘在早晨，茶客半倚栏杆欣赏着小河如何揭去雾纱露出俏美的真容，两岸的番石榴、木瓜、杨桃果实，或浓或淡的香气，渗进小河里，迷蒙、淡远的小河，便如倾翻了满河的香脂。或者，看大小船只在半醒半睡的小河中摇橹扬帆来去，看榕阴、朝日和小鸟的飞鸣。倘在傍晚，日光落尽，云影无光，两岸渐渐消失在温柔的暮色里，船上的人的吆喝声渐渐远了，河面被一片紫雾笼罩。不知不觉，皎月悄悄浸在小河里……晨昏的小河，倘遇幽人雅士，固然为之倾倒。然而，茶客当中多是农民，未必为之动情。不过，水乡人“叹”茶，动辄两个小时。他们细细地品味，不仅品味着食物，而且也品味着生活。

一座水乡小茶居，便是一幅“浮世绘”。茶被冲进壶里，不论同桌的是知己还是陌路人，话匣子就打开了。村里的新闻，世事的变迁，人间的悲欢，正史的还是野史的，电台播的大道新闻还是乡间的小道消息，全都在“叹”茶中互相交换“版本”。说着，听着，有轻轻的叹息，有呵呵的笑声，也有愤世嫉俗的慨叹。无怪乎古时的柳泉居士蒲松龄先生也是在泉边开一小茶座，招呼过往客人，一边“叹”茶，一边收集可写《聊斋志异》的故事了。

在茶居里，有独自埋下头，静静地读完一张报纸的；也有读着，读着，突然拍案而起，惊动四邻的。如今农村经济政策不断放宽，水乡人的两道浓眉也越来越舒展。茶客们“叹”着茶，便心碰心儿，谁个养了多少头奶牛，年产量多少；谁个治木瓜害虫有特效药；谁个万元户联合起来给穷队投资，帮助穷队改变落后面貌……茶越冲越淡了，话却越说越浓。有的茶客在斟盘商谈合资联营，把“死了火”的大队砖窑复活过来，合资购买一辆大卡车，经营长途贩运……一桩桩雄心勃勃的事儿，就在“叹”茶中经过“斟盘”而“拍板”了，这里，茶客们的兴致更浓了，他们举起茶杯碰起杯来，始觉浓茶已冲成白开水，便呵呵大笑，吩咐茶居主人再沏一壶香茶……

这样的“草草杯盘共一欢”，便是水乡生活中的诗。

月已阑珊，上下莹澈，茶居灯火的微芒，小河月影的皴皱，水汽的飘拂，夜潮的拍岸，一座座小小茶居在醉意中，一切都和心象相融合。我始觉这个“叹”字的功夫，颇如艺术的魅力，竟使人渐醉……

饮早茶

李国文

住在北京，其实朋友们能够聚在一起的机会，也不是很多。

总有个想法，找个可以坐一坐的地方，先是邓友梅发现一家广东馆子，他说，不错，那早茶档比较地道，听他一说，我和他去了，试试，还行。后来，叶楠也加入这个行列，接着，又添了柳萌，最后，张洁也参加进来。转圈儿做东，据说，典出于张学良，他与张大千、张群等老朋友们聚会时，转到谁，谁就去买单请客，省得大家抢着掏包付钱，破坏胃口。

我们觉得这主意不错，按年齿序，一轮下来，然后再从头开始。谁愿意吃什么，就让车子推过来自取，谁愿意喝什么，关照服务员就是了。友梅重茶，叶楠品味，张洁偏爱又甜又咸的点心，我与柳萌对那里的豆浆油条情有独钟。这五位，或冒寒风，或顶烈日，暑去寒来，也维持了一些时日，大家从城的四面八方聚到这里。喝过瘾了，吃尽兴了，谈够劲了，聊得嘴也乏了，然后，期约下次，走出饭店，不一会儿，便分头消失在熙熙攘攘的行人中间。

一把年纪，几个朋友，虽无涸辙之鱼的感觉，但却有相濡以沫的精神，难得见一次面，说长道短，哈哈一笑，天南海北，一顿神聊，所费不多，快乐不少，能有这样潇洒和谐的茶聚，也就其乐融融了。

回想当年，初读毛主席唱和柳亚子的那首诗中，有“饮茶粤海未能忘”句，或许由于年轻生猛，不谙世情，或许由于革命积极，少打闲暇，颇对老广每天早晨的这门功课不以为然。我听广东朋友讲，若一早起来，不到茶楼吃它一盅两件，这一天就好像淡而无味了。等到年岁有了，经历多了，福也享过，罪也受过，生活的滋味，酸甜苦辣，体会得也不知多少遍轮回来去，于是，要也不多什么，不要也不少什么的那种所谓的“欲望”，也就像茶一样，越泡越淡了。便觉得早晨要是有那么一块地方，可以坐在那里，悠然地喝上一盅茶，是何等的惬意。

我不知道老北京原来有没有粤式的茶楼，但北京的茶馆，从我所知起始，就不怎么令人提气，既没有南京茶馆里的大煮干丝，也没有四川茶馆的什锦果盘，更没有广东茶馆的水陆杂陈。五十年代，初到北京，中山公园里的来今雨轩尚有茶摊。等到我想喝茶的时候，北京茶馆都升级为饭馆，为酒馆，更求实惠了，因为哪怕卖炸酱面也比摆茶摊赚钱。来半斤面，捞在碗里，搧勺打死卖盐人的酱，客人稀里糊涂吃下去，顶多原汤化原食，来碗面汤，交钱走人了。可喝茶就没这么痛快了，一壶一壶地续水，且得遛服务员的腿呢！

所以，以后每到广州，就是饮茶。吃广东早茶，你大可不必注意年轻气盛之流，红男绿女之类，这些人，倘非谈生意、做买卖，就是吊膀子、谈恋爱。我觉得在茶楼里最有看头的，是那些有点子年纪的老翁老媪，他们才是真正的茶客，他们才称得上是茶楼的灵魂。尤其这些虽嘴瘪齿缺，但鹤发童颜；虽顶秃童山，但眉毫长寿的老人家，喝到尽兴的那一刻，得大解脱，得大自在，呈半仙之体，得禅悟之意，十分惬意，万分舒泰，那种快乐，好让人羡慕。

到了这把年纪，茶之美，便美在这些过来人的一份心安理得，一份怡然自得，一份既无所谓失，也无所谓得的无大欲望，无大追求的冲淡上了。

茶馆两题

车前子

听　说

寒山寺一带现在也很热闹。八十年代初，还是颇为冷清的地方。有一茶馆，茶博士提着铜壶在桌子间掌故般穿插——这是我听人说的。

听人说，泡茶馆手捧茶壶，壶嘴要正对自己。壶嘴向人，极不礼貌，呼为“炮台”。想炮打司令部不成？欲找什么人时，才能把壶嘴从自己的鼻口边挪开，竹外一枝斜，茶博士就会来探问了。这是过去茶馆里的规矩。

这家茶馆我独自访了几回，一直未能寻到。下午的时候，还有听书，茶客若不想走的，再另加些微书钱即可。这是我听人说的。

我想象十年前我坐在这家茶馆里，门窗都已蔽旧，北风来凑热闹。热茶也就喝得紧。而说书先生正拿起弦子，唱出了《林冲踏雪》。往外抬眼，沧州的雪已下到苏州城外，道路皆白了。雪还在得寸进尺。

老茶馆

茶是新茶好，茶馆是老茶馆妙。十多年前，我坐在花山脚下的老茶馆里喝茶，八仙桌东倒西歪，白瓷茶壶被风尘与茶渍熏陶得像一把紫砂壶了。茶壶盖缺了一角，热蒸汽大摇大摆地“泼”面而来。是“泼”，不是“扑”。“泼”保存了我当初所受到的湿度。茶壶嘴上的茶渍，更是树荫蔽天。苏州上了年纪的农民有早晨聚在一起喝喝茶聊聊天的习惯。他们的脚边放着农具，有人还把锄头搁上桌子。我看到那把锄头柄上写着三个字：“徐土根”。用毛笔写的，比启功先生写得好。这是他的名字？这是他的手迹？我没有问，因为自有一份天机不可泄漏。我看了看他，他望也不望我，只顾满心欢喜地把茶壶里的茶水倒入茶盅。碰巧的话，能看到不远处的田埂上走着一个披挂蓑衣的当地人，细雨蒙蒙，水稻已有公鸡尾巴那么高了。我看到过两次披挂蓑衣的当地人，过去这只在水墨画和电影中看到过。细雨蒙蒙，八仙桌的桌子腿也有点泛潮。

相聚在茶坊

阮仪三

茶馆是水乡城镇最多的公共建筑，也是水乡居民生活中不可缺少的重要活动场所。在江南水乡古镇，过去到茶馆去喝茶，不是今天人们所理解的去饮茶、品茗，或者到咖啡屋、红茶坊去消闲，而是四方农民、渔民日常相会、碰头、交流信息的场所。所谓讲吃茶，是以讲为主，相互在一起交谈，听取各种新闻旧事，了解各方情况，许多来赶集的则打听集市行情。过去茶馆还是居民议事和调解的场所，诸如房屋纠纷、邻里口角等都到茶馆中去解决，争执双方各陈己见，然后由茶客们评论，最后由镇上德高望重的老者出面调停。至今，某些水乡城镇的茶馆仍然是这种民事纠纷的评判和调解场所。

水乡城镇中过去闲人很多，茶馆就是这些人消磨时光的地方。历史学家顾颉刚在谈到苏州茶馆时说：“家庭以天伦合，学校以道义合，工商以职业合，而茶肆以市井游荡合。无职业者茶肆为其第二家庭，怡情会友、享社会之乐。”在茶馆中吃茶的人有“业、蚁、催、数”四种人，业是业主，蚁是白蚂蚁，暗指专做房产买卖的经纪人，催是催子，专门催租的人，数是知数，即商店、钱庄或大地主的账房先生，这是旧社会茶馆里的情景。

茶馆对水乡城镇居民和四乡农民、渔民如此之重要，因而设置就多，如乌镇全镇曾开有茶馆六十多家，城镇面积为1.2平方公里，平均二百平方米一个茶馆。

茶馆是水乡城镇男性居民的社交场所，妇女从不涉足其间。直至今日，女性也还是不进茶馆的，这在一定程度上反映了“男尊女卑”“男女授受不亲”等封建伦理观念在水乡的影响之深。

茶馆也有等级的分别，即不同身份的人有各自的茶馆。即使在同一个茶馆内，不同阶层的人往往分室或分桌围坐，表现出水乡城镇人的较强的社会地位的领有意识。乌镇中市的“访卢阁”茶馆，是乡绅和上层富户的聚集场所，而农民、渔民则分散在四栅。一九四九年以后，由于政治因素，茶馆随着城镇的衰落而减少。近年来由于农村经济的繁荣，集市贸易的兴盛，茶馆又兴旺起来，数量也随之增加。但是由于茶馆数量太少，更由于茶馆设施的简陋，不能满足逐步富裕起来的农民向往城市化生活的要求，而另一方面水乡城镇的固有社会地位领有意识的作用，城镇居民不愿和四乡农民、渔民挤在一个茶馆内饮茶，因此，许多城镇居民，特别是青年人，大都离开茶馆而去走向别的活动、饮食场所，茶馆则成了老年人和农民、渔民的传统活动场所。

乌镇茶馆中最具特色的是访卢阁茶楼，这也是当地最大、级别最高的茶楼，它建在乌镇应家桥南堍，南北市河和东市河汉口隙地上，楼座两边临水，凭窗全是开阔的水面，在行舟为主的水乡城镇，这是最得地利的场所。

访卢阁之命名同两位与茶有着极深渊源的名人有关，在乌镇，传说唐朝时茶圣陆羽曾专程到乌镇来造访过对茶也有研究的老朋友卢仝，两人切磋饮茶之道极为高兴，卢仝就写下了饮茶歌曰："一碗喉吻润，二碗破孤闷，三碗搜枯肠，唯有文字五千卷。四碗发轻汗，平生不平事，尽向毛孔散。五碗肌骨清，六碗通仙灵，七碗吃不得也，唯觉两腋习习清风生……"

访卢阁建于清朝同治三年（一八六四年），年久坍圮，六十年代重建，店主财力不济，仅存上下两层简屋，梁架用铁木人字支架，结构简陋，楼板朽坏，墙面倾斜，窗棂破损，已属危险房屋。在修复时本着"修旧如旧"的原则，我们找来了老照片，寻访了老居民、老茶客，对照了老资料，进行全面整体设计，拆除危房，重新建造，恢复昔日的景观。这和修真观一样是新建的传统建筑，它只具有观赏和使用功能，因此在内部结构上采用了新型构架，而外形则严格按传统样式。如茶馆底层在桥下，接近水面，四乡农民可摇船靠在茶楼外面。如进入二楼茶室，可直接在桥上踏步转进去，把楼和桥连成一气，这是原来的样式，充分反映了水乡建筑的特色。

营造的闲适

王旭烽

天人合一，乃中国人专利，可以体现在形而上，也可以体现在形而下，也可以一块儿体现。比如喝茶，把物质喝出精神，把生命品入自然，就是一例。所以中国人饮茶和日本人不同，中国人一向就有在露天饮茶的传统，那个写了如何把七碗茶喝下去的玉川子，就常常被后世的画家们拿来当模特儿，超然地坐在院中的芭蕉树下，静候着茶童煎茶。你看这些文人士大夫们流水曲觞着，把天地做了大花园，恍兮惚兮间，也不知茶幻化成了人了呢，还是人幻化成了茶。

说到中国的平民百姓，虽然苦日子度一生，但乐生精神，却亦可称世界之最。因此上，街头巷尾，田头地角，饮茶斗茗，谈天说地，在那天地之间，也着实开辟一方“自从盘古开天地，三皇五帝到如今”的自由论坛。

日本人可不这样。古来日本茶道中人，多有雄赳赳的武士，他们从四分五裂中走到一起，即便来到和平之饮的茶前，依然是平息不了心中的怒气。自己不能解决的问题，此刻就不得不用环境来制约了。所以日本人的品茶之处，专门有个露院，那是清洁身心的所在，然后，一扇小到刚够一个人跪入的门等着你——茶道的门之所以那么小，实在因为是腰中的剑过于逼人，人进得，剑进不得。从前的日本人习茶道，对房子也有特殊要求，小得让你不得不“促膝谈心”。日本茶道中人认为，只有这样，鼻头碰鼻头，面对面，人才可能心心相印和推心置腹。看来日本人是要拿茶来修炼人的了——那把剑果然放在门外了吗？

中国人不要过这一关的。中国茶人的内在的和平精神，和达到这种和平精神的平和的外在形式，其呈现于世的，往往是一种闲适的生命状态。即便是作为那种闲适生活的主要文化载体——传统的士大夫文人——已经落花流水春去也，但这种闲适依然有着顽强的遗传基因。它仿佛已经消失，仿佛已经成为失落的人文精神中的一项内容了——然后，它突然雨后春笋般地又冒了出来——虽然那已是变了种的春笋，但毕竟还是竹的后代啊。

我就是这样地理解中国近年来突然冒出来的众多的茶艺馆的。茶艺馆一般以为从港台而来，台湾人开茶艺馆较多，有人说受了日本茶道的影响，我看倒也未必。茶艺馆和中国传统茶馆不一样，比较起来，茶艺馆里，首先得有一种闲适的艺术。因为今非昔比，外面的世界很精彩，然而外面的世界又很无奈。但中国人尤其是杭州人却离不开闲适。外面找不到，我们就到里面来找，自然中已经消失了，我们就自己来营造。营造闲适，还是有些造作的，但总比没有要好。

人不妨有点闲适，大男人因此而添几分平静，小女子则因此而加一分大气，生活也因此笼罩片刻温情，所以茶艺馆是一件大好事。只是近来茶艺馆突然多了，使人想起一句杭谚：“杭儿风，一蓬葱，花簇簇，里头空。”此谚千万可别应验，果然如此，那可就是连这一点营造的闲适都没有了。

声　明

《我的茶》是一本很有意义的书，也是编务繁重、工作难度很大的一本书。在编选时，为尊重文化名家的作品原貌，对于1949年以前作品中的部分字词，保留原样，未按当前的规范用法进行统一。特此说明。

经过选编者、本书责任编辑的努力，已经和入选本书的绝大部分作者和家属取得了联系。为免遗珠之憾，未能联系上作者或家属的几篇作品，不忍割爱，我们也选入书中。因此，敬请未联系上的作者或家属予以谅解，并及时与中国青年出版社联系，以便支付稿酬、寄发样书。

（京）新登字 083 号

图书在版编目（CIP）数据
我的茶：文化名家话茶缘 / 马明博，肖瑶选编 .
—北京：中国青年出版社，2012.9
（文化名家系列）ISBN 978-7-5153-1006-0

Ⅰ .①我… Ⅱ .①马… ②肖… Ⅲ .①散文集—中国—现代 ②散文集—中国—当代 Ⅳ .①Ⅰ 266
中国版本图书馆 CIP 数据核字（2012）第 190030 号

责任编辑：李　凌
装帧设计：瞿中华

出版发行：中国青年出版社
社址：北京东四 12 条 21 号
邮政编码：100708
网址：www.cyp.com.cn
编辑部电话：（010）57350520
门市部电话：（010）57350370
印刷：北京科信印刷有限公司
经销：新华书店

开本：700×1000　1/16
印张：19.5
插页：10
字数：200 千字
版次：2012 年 9 月北京第 1 版
印次：2019 年 8 月北京第 2 次印刷
定价：49.00 元